Apfelessig selber machen

Simone Edelberg

GARANTIERT NATURREINEN APFELESSIG SELBER MACHEN

FALKEN
TaschenBuch

Zum gleichen Thema sind im FALKEN Verlag bereits erschienen:
Apfelessig, Kräuteressig & Co. (60378)
Apfelessig-Wohlfühl-Kur (60424)
Sie sind überall dort erhältlich, wo es Bücher gibt.

Besuchen Sie uns auch im Internet: http://www.falken.de

Der Text dieses Buches entspricht den Regeln
der neuen deutschen Rechtschreibung.

Dieses Buch wurde auf chlorfrei gebleichtem
und säurefreiem Papier gedruckt.

Originalausgabe
ISBN 3 635 60497 6

Umschlaggestaltung: Zembsch' Werkstatt, München
Gestaltung: Lohse Design, Büttelborn
Redaktion: dm druckmedien, München/Falk Steins
Herstellung: dm druckmedien, München/Torsten Hellbusch
Titelbild: Reinhard-Tierfoto, Heiligkreuzsteinach
Illustrationen: Lohse Design, Büttelborn
Abbildungen: Archiv für Kunst und Geschichte, Berlin (S. 11, 12); **Simone Edelberg,** Dortmund (S. 10, 36, 58, 63, 70); **FALKEN Archiv**/TLG (S. 19), W. Feiler (S. 77); **Reinhard-Tierfoto**, Heiligkreuzsteinach (S. 8, 24, 31); **Vichy**, Bruchsal (S. 74); **Westfälisches Freiluftmuseum Hagen – Landesmuseum für Handwerk und Technik – des Landschaftsverbandes Westfalen-Lippe** (S. 16)
Satz: dm druckmedien, München
Druck: Media-Print Informationstechnologie, Paderborn

817 2635 4453 6271

Inhalt

Vorwort

Seit Urzeiten bekannt und vielseitig eingesetzt, erlebt das Naturprodukt Apfelessig ein Comeback, wie es nur wenigen anderen Nahrungsmitteln vergönnt ist. Feinschmecker, Vollwertgourmets und Freunde der Naturapotheke haben den Apfelessig für sich neu entdeckt. Kein Wunder! Apfelessig ist eine natürliche Vitamin- und Mineralstoffquelle und liegt damit voll im Trend des neuen Gesundheitsbewusstseins. Reformhäuser und Naturkostgeschäfte bieten heute „Bio-Essige" in beinahe unüberschaubarer Anzahl an, um dem steigenden Bedarf gerecht zu werden.

Aber es ist nicht alles gesund und naturrein, was goldgelb in teuer aufgemachten Flaschen glänzt. Nur Äpfel aus kontrolliert biologischem Anbau sind weitgehend frei von Schadstoffen und können als Apfelessig all ihre Wirkung entfalten. So überlegen immer mehr Gartenfreunde, ob sie ihre selbst angebauten Äpfel nicht auch zu Apfelessig verarbeiten können. Und natürlich lassen sich solche Äpfel auch beschaffen, wenn man kein eigenes Grundstück hat. Hier setzt das vor Ihnen liegende Buch an und steht Ihnen mit Rat und Tat zur Seite. Ich habe mich bemüht, leicht und verständlich alle Details der Herstellung von heimischen Apfelessigen zu beschreiben.

Selbstverständlich ist auch selbstgemachter Apfelessig kein „Wundermittel", lindert aber seit alters her eine Vielzahl von Beschwerden und Krankheiten und kann eine medizinische Therapie ergänzend unterstützen. Bei gesunden Menschen verstärkt er das allgemeine Wohlbefinden, indem er den Körper mit lebensnotwendigen Stoffen versorgt. Auch in der Küche ist er eine geschätzte Zutat. Dazu kommt, dass Apfelessig leicht in der Anwendung – und Herstellung – ist. Und das alles auf vollkommen natürlicher Basis, ohne Nebenwirkungen, mit minimalem Zeit- und Kostenaufwand.

Wenn Sie meinen Tipps und Ratschlägen folgen, werden Sie schon nach kurzer Zeit feststellen, dass sich Ihr psychisches und physisches Wohlbefinden steigert. Ich wünsche Ihnen viel Spaß bei der Wiederentdeckung einer alten Tradition: der heimischen Apfelessigproduktion!

Äpfel – die Basis eines der vielseitigsten Hausmittel

Apfelessig schreibt Geschichte

Die Geschichte des Essigs reicht weit in die Vergangenheit zurück. Vermutlich hat vor mehreren tausend Jahren irgendwo auf dieser Welt jemand ein Gefäß mit einer alkoholhaltigen Flüssigkeit in der Sonne stehen lassen und vergessen. Als er dann einige Tage später sein Versäumnis bemerkte und das Gefäß an den Mund hob, um seinen Durst zu stillen, hat er das sauer gewordene Getränk sicherlich angeekelt auf den Boden gespien. Doch schon bald entdeckten die Menschen die segensreichen Wirkungen der neuen Flüssigkeit. Durch all die Jahrhunderte hat der Essig dann eine bedeutende Rolle gespielt: als Konservierungsmittel, Würze, Putzmittel, Schönheitspflege und Arznei.

Es sind Gefäße aus der Zeit um 6000 v. Chr. gefunden worden, die Spuren von Essig enthielten. Um 5000 v. Chr. stellten die Babylonier aus den Früchten der Dattelpalme Dattelessig her, mit dem sie Fleisch und Fisch konservierten und Krankheiten kurierten. Im alten China galt der Essigkrug gar als Symbol des Lebens. Natürlich kommt der Essig auch im Buch der Bücher nicht zu kurz: Im Alten und im Neuen Testament finden sich jeweils vier Hinweise auf diese wertvolle Flüssigkeit. Im jüdischen Talmud wird der Essig ebenfalls wegen seiner vielseitigen Verwendbarkeit lobend erwähnt.

Auch aus Mesopotamien und dem alten Ägypten ist der Essiggenuss bekannt. Man ließ dafür Wein oder Bier an warmen Tagen offen stehen, wie der berühmte griechische Geschichtsschreiber Herodot berichtet. *Hequa*, ein durstlöschendes Getränk aus rötlicher Gerste, schmeckte leicht essigstichig. In jener Zeit wusste man noch nichts über die Existenz von Essigbakterien, man beobachtete nur, dass alkoholhaltige Getränke nach kurzer Lagerzeit essigsauer wurden. Beliebt waren auch Essigwickel bei Fieber, Wundschmerzen und Ohrenerkrankungen. Frauen tranken puren Essig, um sich vor ungewollten Schwangerschaften zu schützen und rieben sich, um ihre Haut zu pflegen, mit Essigwasser ein. Auch die ägyptische Königin Kleopatra (69 bis 30 v. Chr.) wusste um die pflegende Kraft von Gesichtsmasken und Vollbädern mit Essig. Der Ruf um ihre sagenumwobene Schönheit – zu der freilich noch mehr gehört – hat sich bis heute erhalten.

Auf diesem ägyptischen Relief sind zwei schön gestaltete Essigflaschen zu erkennen

Einige nordische Nomadenstämme sollen eine Art Apfelessig genossen haben. Von den Phöniziern ist bekannt, dass sie *Shekar* tranken, das dem uns heute bekannten Apfelessig annähernd gleichzusetzen ist. Allerdings entstand es als Zufallsprodukt, aus der Unfähigkeit heraus, Apfelwein zu konservieren.

Die Antike entdeckte und nutzte immer intensiver die heilenden Eigenschaften des Essigs. Die Menschen verwendeten ihn äußerlich zum Desinfizieren von Wunden, zur Behandlung von Prellungen, Schlangenbissen und Fieber, innerlich bei Verdauungsbeschwerden und in Dampfform bei verschiedenen Atemwegserkrankungen.

Hippokrates (460 bis 377 v. Chr.) verwendete Essig als bevorzugtes Arzneimittel bei zahlreichen Beschwerden und stellte die für seine Zeit revolutionäre These auf, dass ein, unter anderem durch den Essiggenuss, gestärktes körpereigenes Abwehrsystem hilft, den Heilungsprozess zu beschleunigen.

Der berühmte Arzt Hippokrates empfahl Apfelessig gegen vielerlei Beschwerden

Hannibal (247 bis 183 v. Chr.), der große kathargische Feldherr, fand eine völlig andere Form der Anwendung von Essig. Als er mit 60 000 Soldaten, 9 000 Pferden und 37 Elefanten die Alpen überqueren wollte, waren seinem Zug zahlreiche Felsbrocken im Weg. Nach mehreren vergeblichen Versuchen, die behäbigen Elefanten um die Brocken herum zu bugsieren, befahl der Feldherr, um die Felsen herum Feuer anzuzünden. Als sich die Steine ausreichend erhitzt hatten, ließ er Essig darüber gießen, damit sie leichter zertrümmert werden konnten. Wer weiß, was aus seinem Feldzug geworden wäre, wenn er keinen Essig mit sich geführt hätte?

Der römische Kaiser Tiberius (14 v. Chr. bis 37 n. Chr.) ließ ein zehn Bände umfassendes Rezeptbuch schreiben, das zahlreiche Anwendungsmöglichkeiten für Essig enthielt. Vom berühmten römischen Arzt Galenus ist bekannt, dass er seinen Patienten bei Darmkrankheiten und Erkältungen gerne Essig verabreichte. Auch die Legionäre genossen ein erfrischendes Gemisch aus Essig und Wasser auf ihren Feldzügen, *Posca* oder *Potus* genannt. Es sollte den Kriegern Kraft und Gesundheit verleihen.

Seine Glanzzeit erlebte der Essig dann zweifellos im Mittelalter. Apfel- und Weinessig waren damals die beliebtesten Sorten, die mit Kräutern und Gewürzen geschmacklich verfeinert wurden. Pfeffer, Trüffel, Zimt, Anis, Nelken, Knoblauch und Salbei gaben dem Grundessig eine erlesene Geschmacksnote. Aus der großen Nachfrage nach Essig entwickelte sich der Berufsstand des Essigträgers. Diese Händler zogen mit Karren und Fässern von Tür zu Tür und boten Essig feil. Wie bei so vielen Dingen, die zu einem begehrten Gut werden, belegte der Staat die populäre Flüssigkeit bald mit einer Steuer. Um die leeren Staatskassen zu füllen, beschloss im Jahre 1673 Charles II. von England, dass nicht nur für alle Essigsorten, sondern auch für alle Essigprodukte eine Steuer zu zahlen sei.

Die mittelalterlichen Pestärzte wollten auf Essig nicht verzichten

Essig spielte auch bei der Bekämpfung der im Mittelalter wütenden Pestepidemien eine wichtige Rolle. Die Ärzte trugen stets ein in Essig getränktes und mit Nelken gespicktes Riechbällchen bei sich, wenn sie ihre Patienten versorgten. Bis ins 18. Jahrhundert hinein wurde Essig als Desinfektionsmittel gegen die Pesterreger eingesetzt.

Aber nicht nur vor Krankheiten sollte der Essig schützen: Der Hexenwahn trieb im Mittelalter solche Blüten, dass besorgte Hausfrauen die Böden ihres Hauses regelmäßig mit einer Mixtur aus Essig und Gartenrauke reinigten, um die Hexen von ihrem Haus fernzuhalten.

Essig wurde immer mehr zu einem kostbaren Gut, das von Reich und Arm gleichermaßen geschätzt war. Bauersleute gaben Essig in ihr Trinkwasser und bereiteten viele Speisen mit Essig zu. Vom französischen Hof des 18. Jahrhunderts ist gar bekannt, dass die Speisen mit sechzig verschiedenen Essigsorten verfeinert wurden. Die „Damen der Gesellschaft" verwendeten Essig aber auch noch auf eine andere Weise: Sie füllten ihre Riechfläschchen damit. Der aromatische Duft des Essigs diente dazu, die Damen bei ihren echten oder gespielten Ohnmachtsanfällen wieder zurück in die Wirklichkeit zu rufen. Essig galt als Lebenselixier schlechthin. Mit der Entstehung des gesündesten und vielseitigsten aller Essige wollen wir uns nun beschäftigen, dem Apfelessig.

So entsteht Apfelessig

Die Herstellung von Essig ist von Erzeuger zu Erzeuger verschieden, aber am Anfang steht immer der Wein. Chemisch gesehen, ist Essig eine verdünnte wässrige Essigsäurelösung. Im Jahre 1972 hat der Gesetzgeber in der Verordnung über den Verkehr mit Essig und Essigessenz genau festgelegt, welche Kriterien erfüllt sein müssen, damit es sich um Essig beziehungsweise Essigessenz handelt. Für Essig ist dabei ein Mindestgehalt von 5 g Essigsäure auf 100 ml vorgeschrieben, der Höchstgehalt liegt bei 15,5 g Säure auf 100 ml. Überschreitet der Essigsäuregehalt diesen Höchstwert, handelt es sich nicht mehr um Essig, sondern um Essigessenz. Deren Essigsäuregehalt kann bis zu 25 g auf 100 ml Essenz betragen.

Die im Handel erhältlichen Essigsorten unterscheidet man in *durch biologische Gärung gewonnenen Essig, Essig aus Essigsäure* und *Essig aus Essigessenz,* der aus synthetisch hergestellter Essigsäure durch Verdünnen mit Wasser hergestellt wird, sowie *Mischerzeugnissen* dieser Produkte.

Der Gärprozess

Der Vorgang der Entstehung von Essig erfolgt durch natürlich vorkommende Bakterien, die so genannten *Essigsäurebakterien.* Wer ein Glas Wein oder anderen Alkohol ein paar Tage offen stehen lässt, wird bereits nach wenigen Tagen einen sauren Geruch bemerken, der vom *Essigstich* herrührt. Was ist passiert? Essigbakterien aus der Luft haben sich angesiedelt, den Alkohol „verdaut“ und dabei Essigsäure produziert. Bei diesem natürlichen biochemischen Prozess entsteht als Zwischenstufe *Azetaldehyd,* das ein wenig nach Lösungsmittel riecht. Es handelt sich hierbei um einen *Fehlton,* der bei (noch) nicht vollständig erfolgter Vergärung zu erkennen ist. Auch Anfänger in der heimischen Apfelessigproduktion können anhand dieses typischen Geruchs einen unfertigen Essig erkennen.

Weine werden üblicherweise geschwefelt, um Schäden durch Mikroorganismen wie Essigbakterien oder Schimmelpilze zu vermeiden. Für die heimische Apfelessigproduktion bedeutet das, dass zu stark geschwefelter Apfelwein die für die Essigsäurebildung verantwortlichen Essigsäurebakterien in ihrem Wachstum hemmen oder sogar vollständig „ersticken“ kann, selbst wenn aktive Essigbakterien dem Ansatz hinzugefügt werden. Auch diese vermehren sich dann nicht mehr und sterben ab. Es lohnt sich also, den Apfelmost für die heimische Essigproduktion selbst zu gewinnen.

Professionell erzeugte Weine, die für die Essigproduktion vorgesehen sind, werden natürlich nicht geschwefelt, damit die Essigbakterien ein für sie wachstumsanregendes Milieu vorfinden und sich schnell vermehren können. Neben Wein werden ausnahmsweise auch andere Alkoholika als Ausgangsprodukte für die Essigherstellung verwendet, die dem späteren Essig seinen Namen geben: Branntweinessig, Malzessig oder Champagneressig mögen hier als Beispiele genügen.

Unentbehrlich für den als Essiggärung bezeichneten Gärprozess ist allein das Vorhandensein von Alkohol *(Ethanol)*. Die Essiggärung funktioniert nicht in alkoholfreien Getränken wie beispielsweise Apfelsaft. Um aus Apfelsaft schließlich Apfelessig zu gewinnen, muss dieser zunächst zu Apfelwein (Apfelmost) vergoren werden. Im Verlauf dieser alkoholischen Gärung entsteht aus dem im Apfelsaft enthaltenen Zucker Alkohol. Wenn dann Essigbakterien hinzugefügt werden, können sie mit der Umwandlung von Alkohol in Essigsäure beginnen.

TIPP

Da Essigbakterien aerobe Bakterien sind, also Sauerstoff zum Leben brauchen, ist die ständige Sauerstoffzufuhr bei der Essigherstellung ein wichtiger Faktor. Essigbakterien lieben Wärme, so dass die Essiggärung möglichst bei einer Temperatur von etwa 25°C stattfinden sollte. Dieser Wärmegrad ist ideal, damit die Bakterien sich schnell vermehren können.

Die chemische Reaktionsgleichung der Oxidation von Ethanol zu Essigsäure lautet folgendermaßen:
$CH_3CH_2OH + O_2 \rightarrow CH_3COOH + H_2O$ + Energie (Wärme)

Tradition und neue Techniken

Das Orléans-Verfahren

Beim Orléans-Verfahren handelt es sich um ein so genanntes Oberflächenverfahren, das Ende des 14. Jahrhunderts in Frankreich entwickelt wurde. Es wurde nach seinem Herkunftsort benannt. Mit seiner Hilfe wurde es möglich, aktiv Einfluss auf die Essigproduktion zu nehmen. Große, fest liegende Holzfässer werden zunächst zu $^2/_3$ mit Wein gefüllt. Sodann wird $^1/_{10}$ der Weinmenge an Essig hinzugefügt und mit dem Wein vermengt. Jeweils nach Ablauf einer Woche werden zehn Prozent des Fassinhalts abgezapft und durch neuen Wein ersetzt. Der jeweils abgezapfte Rohessig wird noch eine Weile in frischen Holzfässern gelagert, damit er nachreifen und sein Aroma voll entwickeln kann.

Im Inneren einer Essigbrauerei

Die Bakterienkulturen bleiben wegen ihres Sauerstoffbedarfs an der Oberfläche der Fässer und bilden dabei eine Haut aus Essig- und Schleimbakterien, die Essigmutter. Da die Essigmutter den Wein nur sehr langsam vergärt, dauert die Herstellung nach diesem Verfahren sehr lange. Aus diesem Grund wird diese Methode heute meist nur noch in der hauseigenen Essigproduktion und von kleineren Essigbauern angewandt.

Das Fesselgärungsverfahren

Das Fesselgärungs- oder Fesselverfahren ist eine verfeinerte Variante des Orléans-Verfahrens und wurde im 17. Jahrhundert entwickelt. Die entscheidende Verbesserung besteht darin, dass Buchenrollspäne, so genannte *Essigspäne*, in die Ansatzflüssigkeit gehängt werden. Manche Essigbauern verwenden an Stelle der Späne traditionell auch Holzgitter, Maisspindeln oder Weinkämme (fallen beim Rebeln der Weinbeeren als Rückstand an). Sie alle dienen den Essigbakterien als „Träger" und bieten ihnen vermehrten Raum zur Ansiedlung. Dadurch beschleunigt sich deren Produktivität erheblich. Es ist allerdings darauf zu achten, dass die Trägersubstanzen nicht verschleimen und den gegenteiligen Effekt zur Folge haben.

Das Schnellessigverfahren

Im Jahre 1825 wurde in Anpassung an die industriellen Bedürfnisse das Schnellessigverfahren entwickelt. Die liegenden Holzfässer wurden durch riesige Stehfässer ersetzt, das Abzapfen des Rohessigs und das Wiederauffüllen mit Wein oder Maische automatisiert. Die abgedeckten Fässer weisen eine Öffnung auf, durch die der Rohessig ständig mit neuem Wein berieselt wird. Heute gibt es viele Varianten dieses Verfahrens, die bekanntesten sind wohl das *Rundpump-* oder das *Generatorverfahren.*

Das submerse Gärungsverfahren

In den fünfziger Jahren des 20. Jahrhunderts setzte sich in der Essigindustrie das submerse Gärungsverfahren oder Submersgärverfahren durch.

Die Produktion von Rohessig nimmt mit dieser Methode nur noch knapp 24 Stunden in Anspruch. Diese Beschleunigung wurde durch die Entwicklung einer Anlage ermöglicht, in der sich die Essigbakterien frei im Ausgangsprodukt bewegen und ständig mit Sauerstoff belüftet werden. Es kommt so nicht mehr zu einer Verschleimung irgendwelcher Trägersubstanzen und somit zu einer besonders reinen Essiggärung. Allerdings ist es notwendig, den Rohessig nach dem Abzapfen noch einige Zeit lang in Holz- oder Kunststofffässern zu lagern, damit er an Aroma gewinnt.

Synthetische Herstellung

Neben den mikrobiologisch gebildeten Gärungsessigen kann Essigsäure auch synthetisch gewonnen werden. Hierbei oxidiert der Alkohol nicht mit Hilfe von Bakterien, sondern durch einen katalytischen Prozess. Als Endprodukt entsteht eine chemisch reine Essigsäure. Sie kommt in verdünnter Form (zwischen 15,5 und 25% Essigsäure) als *Speiseessig* oder konzentrierte *Essigessenz* in den Handel. Da reiner Alkohol als Ausgangsbasis dient, enthält diese Essenz weder Aroma noch biogene Substanzen. Sie schmeckt einfach nur sauer. Synthetisch hergestellte Essigsäure findet in der gesunden Küche keine Verwendung, wird jedoch häufig als Reinigungsmittel eingesetzt.

Außer den hier knapp geschilderten Verfahren gibt es natürlich noch eine Vielzahl weiterer Methoden der Essigherstellung, nahezu jeder Essigbauer hat sein eigenes, streng gehütetes „Familienrezept“.

Apfelessig aus hauseigener Produktion

Sie müssen kein ausgebildeter Fachmann sein, um köstlichen Apfelessig selbst herzustellen. Ganz im Gegenteil: Apfelessig ist von allen Essigen am leichtesten in Küche und Keller zu produzieren, am vielseitigsten verwendbar und darüber hinaus am gesündesten.

Der Apfelessig genießt im Vergleich mit anderen Essigen zahlreiche Vorzüge

Auf die Rohstoffe kommt es an

Apfelessig ist nicht gleich Apfelessig: Aus einem faulen Apfel oder einem schlechten Apfelmost kann man keinen guten Essig machen. Entscheidend ist nicht allein das Herstellungsverfahren, sondern vor allem die Qualität der Rohstoffe. Wer einen Garten sein eigen nennt oder Früchte sammelt, seien es wilde oder veredelte von Apfelbäumen an alten Landstraßen, der weiß, wie angenehm es ist, an einem sonnigen Morgen einen knackigen Apfel frisch vom Baum zu pflücken und in die vom Tau benetzte Frucht zu beißen. Duft und Geschmack des Sommers verwöhnen die Sinne... Es ist daher ein lohnendes Unterfangen, diese Komposition aus fruchtiger Süße und erfrischender Säure über den Sommer hinaus in leckerem Apfelsaft und -most einzufangen und zu konservieren. Mit diesen beiden gewinnen wir den entscheidenden Rohstoff für unseren selbst gemachten Apfelessig.

Die Verarbeitung von Äpfeln zu Saft, Most und schließlich Essig ist gar nicht so aufwendig, wie mancher sich dies vielleicht vorstellen mag.

TIPP

Wichtig ist, dass alle Apfelsorten zur Weiterverarbeitung vollreif sein müssen. Das heißt, dass man die Früchte nach der Ente weiter reifen und Zucker bilden lässt, bis der höchste Wert erreicht ist. Unreifes Obst weist zu wenig Zucker und Fruchtaroma, dafür aber zu viel Säure auf und beinhaltet darüber hinaus geleebildende Stoffe, die den späteren Most nur schwer oder überhaupt nicht klar werden lassen.

Zuckermangel und Säureüberschuss lassen sich nur mit unerwünschten chemischen Mitteln ausgleichen, was sich nicht nur negativ auf das Aroma des späteren Mostes auswirken, sondern auch die Essigherstellung unmöglich machen kann.

Wer keinen eigenen Garten hat, wird seine Äpfel käuflich erwerben müssen. Glücklicherweise gibt es heute auch in Großstädten die Möglichkeit, naturnah angebautes Kernobst von Obstfarmen oder Biobauernhöfen zu kaufen. Dort werden meist noch die alten einheimischen Apfelsorten angepflanzt. Diese Früchte sehen zwar selten so aus wie die aus der Fernsehwerbung, überzeugen jedoch durch ihr intensives, würziges Aroma und saftiges Fruchtfleisch. Außerdem sind sie frei von chemischen Rückständen wie Kunstdünger und Pflanzenschutzmitteln. Bioläden, Reformhäuser und nicht zuletzt der Wochenmarkt bieten weitere Einkaufsmöglichkeiten für frisches, naturbelassenes Kernobst.

Natürlich können Sie zur Herstellung von selbst gemachtem Apfelessig auch gekauften Apfelsaft oder Apfelmost verwenden. Allerdings enthalten diese häufig Konservierungsmittel und sind somit zur alkoholischen Gärung ungeeignet. Am günstigsten ist es, wenn Sie den fertigen Saft oder Most in einem guten Bioladen oder Reformhaus kaufen. Besser, das heißt gesünder, ist aber in jedem Fall der Apfelessig aus selbst angebauten Äpfeln!

Wissenswertes über Äpfel

Der Apfelbaum (*Pyrus malus*) ist wohl unser wichtigster Obstbaum. Er gehört zur Unterfamilie der Rosengewächse (*Rosaceae*). Bei der von uns genossenen Frucht handelt es sich botanisch gesehen um eine Scheinfrucht: Die eigentliche Frucht ist das Kerngehäuse.

Der vermutlich aus Gebieten um das Schwarze und Kaspische Meer stammende Apfel (*Malus sylvestris var. domestica*) kann stolz auf eine lange Geschichte zurückblicken: Bereits in der Steinzeit wurde er in Europa gesammelt und in getrockneter Form gelagert. Heute gibt es weit über 300 verschiedene Sorten.

Für den Zweck des Selbermachens von Apfelessig sind besonders die folgenden Sorten geeignet:

- Boskop
- Rheinischer Bohnapfel
- Trierer Weinapfel
- Schöner Wieltschier
- Kaiser-Wilhelm.

Sie alle sind reich an Fruchtsäuren, Zucker und Vitaminen, was später der Qualität des Apfelessigs zugute kommt.

„An apple a day keeps the doctor away" (Täglich ein Apfel hält den Doktor fern) heißt ein bekanntes englisches Sprichwort. Äpfel enthalten in der Tat eine Vielzahl von wertvollen Inhaltsstoffen, die natürlich auch in den selbst gemachten Apfelessig übergehen. Die folgenden Werte unterscheiden sich zum Teil von in anderer Literatur angegebenen Messungen. Diese Schwankungen erklären sich durch die jeweils zur Messung ausgesuchte Apfelsorte sowie den Frischezustand der untersuchten Äpfel.

Ein erntefrischer Apfel besteht zu etwa 85 Prozent aus Wasser und besitzt einen Nährwert von rund 230 kj beziehungsweise 55 kcal je 100 g. Äpfel sind reich an Kohlehydraten, während ihr Anteil an Proteinen und Fetten sehr gering ist. Ihr Gehalt an Ballaststoffen, insbesondere Pektinen, ist für Obst ebenfalls relativ hoch. Ihre für uns so gesunde Wirkkraft erzielen Äpfel aber vor allem durch ihren reichen Anteil an lebenswichtigen Vitaminen, Mineralstoffen, Spurenelementen und Bioaktivstoffen.

Inhaltsstoffe je 100 g Apfel

Provitamin A (Beta-Carotin)	0,045 mg
Vitamin B1 (Thiamin)	0,040 mg
Vitamin B2 (Riboflavin)	0,035 mg
Nicotinamid	0,300 mg
Panthotensäure	0,110 mg
Vitamin B6	0,050 mg
Folsäure	0,008 mg
Vitamin C (Ascorbinsäure)	12 mg
Vitamin E	0,500 mg
Vitamin H (Biotin)	0,100 mg
Mineralstoffe und Spurenelemente	0,5 g
Kalium	144–200 mg
Magnesium	8–12 mg
Natrium	4 mg
Calcium	7 mg
Phosphor	2 mg
Chlor	2 mg
Zink	0,120 mg
Kupfer	0,100 mg
Eisen	0,480 mg
Mangan	0,065 mg
Fluorid	0,007 mg
Jod	0,002 mg
Selen	0,001 mg
Schwefel und Silizium	Spuren
Apfelsäure	0,5 g
Sorbitsäure	0,5 g
Zitronensäure	0,02 g
Milchsäure	Spuren
Flavonide	Spuren
Carotinoide	Spuren
Aminosäuren	Spuren

Selbstgemachter Apfelmost

Wer Spaß am Selbermachen hat, wird bei der hauseigenen Apfelmost- und -essigproduktion auf seine Kosten kommen. Wenige Utensilien, etwas Fantasie und Geduld genügen, um schon bald auf eine ganze Batterie voller Flaschen mit selbst gemachtem naturreinen Apfelessig blicken zu können.

Bald ist es soweit – die Äpfel werden vermostet

TIPP

Denken Sie, bevor Sie beginnen, noch einmal daran, dass nur frische, unbeschädigte Früchte in die Flasche gehören. Keinesfalls sollte angestoßene oder verschimmelte Ware verarbeitet werden – sie kann Giftstoffe enthalten!

Zunächst müssen die Äpfel entsaftet und der Fruchtsaft zu einem alkoholhaltigen Apfelmost vergoren werden, der dann später mit Essigbakterien versetzt wird.

Zum Entsaften von Äpfeln stehen unterschiedliche Methoden und Gerätschaften zur Auswahl. Die *Kaltentsaftung* ist mit Sicherheit die einfachste und schonendste Art, Äpfeln den Saft zu entlocken. Gute Ergebnisse erzielt man mit einer *Korbpresse*, die es im Gartenfachhandel mit einem Fassungsvermögen von fünf bis vierzig Litern zu kaufen gibt. Zunächst werden die zu verarbeitenden Äpfel gründlich gewaschen und entweder in einer *Obstmühle* gemahlen, wobei etwa 0,5 cm große körnige Apfelstücke entstehen oder mit einem Messer entsprechend klein geschnitten. Die gemahlenen oder geschnittenen Äpfel werden dann in der mit einem Safttuch bestückten Korbpresse ausgepresst. Bei kleineren Obstmengen tut es auch einer der handelsüblichen *Entsafter* oder ein *Fleischwolf*. Der nach dem Abpressen erhaltene Saft ist wegen der feinen Fruchtfleischpartikel, die mit durch das Presstuch gegangen sind, trübe. Der Fachmann spricht von „naturtrübem" Apfelsaft beziehungsweise Apfelsüßmost. Soll der Saft klarer werden, muss man ihn durch sehr feine Spezialfilter pressen, um den so genannten *Trub* (die Fruchtfleischpartikel) zu entfernen.

Ein weiteres, fast schon klassisch zu nennendes Verfahren der Saftgewinnung ist das *Abtropfen*, das sich ohne besondere Ausrüstung in jedem Haushalt durchführen lässt. Die sorgfältig gewaschenen Äpfel werden klein geschnitten, in einem großen Topf mit Wasser bedeckt und gegart. Dann werden sie auf ein aufgespanntes oder in einen Durchschlag gelegtes Tuch gegeben, damit ihr Saft in einen darunter gestellten Topf tropfen kann. Dieser Vorgang nimmt einige Stunden in Anspruch. Anschließend wird der Saft nach Belieben gesüßt, etwa 15 Minuten gekocht und kochend heiß in saubere Flaschen gefüllt, die sofort mit *Bajonettverschlüssen* oder *Gummikappen* verschlossen werden.

Eine weitere Methode der Saftgewinnung ist das *Entsaften im Schnellkochtopf.* Die gewaschenen Äpfel werden mit Schale und Kerngehäuse in etwa 2 cm große Würfel geschnitten. Dann wird der Dreifuß auf den Boden des Schnellkochtopfes gesetzt, 1/2 bis 3/4 Liter Wasser hinzu gefügt und die Saftauffangschale auf den Dreifuß gestellt. Die Apfelstücke kommen in den gelochten Einsatz darüber und werden mit Zucker bestreut. Der geschlossene Topf wird bei Einstellung 3 erhitzt, bis sich eine Dampffahne am Ventil zeigt und Stufe 2 eingestellt werden kann. Sobald der Druckanzeiger den zweiten Ring zeigt, wird die Küchenuhr auf 30 Minuten eingestellt. Anschließend wird der Topf vom Herd genommen und gewartet, bis der Druckanzeiger zurückgegangen ist. Jetzt kann der Topf geöffnet und der Einsatz mit den entsafteten Früchten sowie der Auffangbehälter mit dem Saft heraus genommen werden. Der Saft wird noch einmal aufgekocht und dann heiß in Flaschen gefüllt.

Einfach und praktisch ist das Entsaften mit einem *Dampfentsafter*, mit dem bis zu 5 Kilogramm Äpfel auf einmal verarbeitet werden können. Wie beim Entsaften mit dem Schnellkochtopf werden die Äpfel mitsamt Schale und Kerngehäuse klein geschnitten und mit Zucker bestreut. Der untere flache Teil des Entsafters wird mit Wasser gefüllt. Dann wird der obere hohe Teil auf den unteren gesetzt. Wichtig ist, dass das Röhrchen zum Saftabzapfen mit dem darauf sitzenden Gummischlauch fest durch die dazu gehörige Klemme verschlossen ist. Die Apfelstücke werden in den gelochten Fruchtkorb gefüllt. Dann wird der Korb in den Topf eingehängt und der Deckel aufgesetzt. Sobald das Wasser kocht, steigt Dampf durch seitliche Schlitze nach oben und bringt die Zellwände der Äpfel zum Platzen. Nach der vorgeschriebenen Kochzeit wird die Hitze ausgestellt und der Entsafter ein wenig stehen gelassen. Der aus dem Ablaufschlauch fließende Saft wird direkt in vorgewärmte Flaschen gefüllt. Die mit dem heißen Saft gefüllten Flaschen müssen sofort sorgsam verschlossen werden und liegend abkühlen.

Steht bereits beim Entsaften fest, dass der gewonnene Saft später zu Apfelmost verarbeitet werden soll, wendet man am besten die so genannte *Maischegärung* an. Sie ist besonders empfehlenswert, da sie einen höheren Saftgewinn ermöglicht. Die gewaschenen Äpfel werden in einer Obstmühle oder einem Fleischwolf gemahlen und anschließend mit einer *Weinhefekultur* versetzt. Diesen *Maische* genannten Früchtebrei lässt man zwei bis drei Tage bei Zimmertemperatur in Glas- oder Kunststoffbehältern stehen, die einen abschraubbaren Deckel mit *Gärstutzöffnung* haben, um den Gärinhalt einige Male am Tag kräftig umrühren zu können. Durch das Rühren werden die zur alkoholischen Gärung notwendigen Hefepilze aktiviert. Bei diesem Gärprozess werden die Zellen des Fruchtfleisches aufgeschlossen, die Pektinstoffe abgebaut und damit die Pressbarkeit der Apfelmaische entscheidend verbessert. Der Gärvorgang ist abgeschlossen, wenn sich genügend Saft gebildet hat. Dann wird mit Hilfe von Mulltüchern oder einer professionellen *Obstpresse* abgepresst und bei Bedarf der gewonnene Süßmost mit Zucker oder Säure angereichert.

Hier ein Überblick über die wichtigsten Angaben bei der Entsaftung von Äpfeln:

HINWEISE ZUR ENTSAFTUNG VON ÄPFELN

Entsaftungszeit in Minuten	**Zuckerzusatz in g/kg Obst**	**Zuckerzusatz in g/l fertigem Süßmost (Maximalwert)**
60–70 (Dampfentsafter)	25	400–450
25 (Schnellkochtopf)	25	400–450

Behandlung des Süßmostes

Der erhaltene Süßmost (Saft) besteht zu 80–95% aus Wasser. Der Rest setzt sich aus Zucker, Fruchtsäuren, Gerbstoffen, Pektinen, Eiweiß, Aroma-, Mineral- und Farbstoffen zusammen. Die Inhaltsstoffe schwanken in ihrer Zusammensetzung je nach Apfelsorte, Jahrgang, Anbaugebiet, Klima, Reifegrad und Behandlung.

Nach dem Pressen werden zunächst die Beschaffenheit und Qualität des Süßmostes bestimmt. Nicht jeder Apfelsüßmost wird von allein zu einem gehaltvollen Apfelmost. Der durchschnittliche Säuregehalt von Apfelsüßmost liegt bei 1%, während der Zuckeranteil rund 7% beträgt. Süße und Säure eines Apfelsüßmostes müssen geschmacklich ausgewogen sein. Säure und Gerbstoffe verleihen später dem Apfelmost Frische und Haltbarkeit und machen ihn resistent gegen Krankheiten und Fehler, was schließlich auch dem Apfelessig zugute kommt. Zur Analyse des Süßmostes werden nur wenige Hilfsmittel benötigt. In erster Linie sollten Sie sich auf Ihren Geschmacks- und Geruchssinn sowie Ihre Augen verlassen.

Bestimmung des Zuckergehalts

Jeder Apfelsüßmost enthält unterschiedliche Frucht- und Traubenzuckerarten. Gemessen wird aber nur der so genannte *Gesamtzuckergehalt* und zwar mit Hilfe der *Öchslewaage*, ein von dem Apotheker Öchsle im letzten Jahrhundert erfundenes Meßgerät, mit dem das spezifische Gewicht des Fruchtsaftes in Öchslegrad bestimmt wird. Zeigt die Mostwaage beispielsweise bei einem Apfelsüßmost 45° Öchsle an, so bedeutet das, dass 1 Liter des Saftes das spezifische Gewicht von 1 045 Gramm aufweist. Um den prozentualen Zuckergehalt zu bestimmen, werden die Öchslegrade mit zwei multipliziert. Ein Liter Apfelsüßmost mit 45° Öchsle enthält folglich 90 g Zucker. Um von diesem Wert auf den späteren Alkoholgehalt des vergorenen Apfelmostes schließen zu können, müssen die Öchslegrade mit dem Gewicht des Alkohols im Apfelmost gleichgesetzt werden: 45° Öchsle bedeuten 45 g Alkohol pro Liter Apfelmost. Der prozentuale Anteil an Alkohol wird berechnet, indem man die Öchslegrade durch 8 dividiert, was bei unserem Beispiel einen Alkoholgehalt von 5,6% ergeben würde.

Gewöhnlicher Obstwein oder Most weist mindestens 40° Öchsle auf. Mittelleichter Tischwein enthält in der Regel maximal 80° Öchsle, Dessertwein 120–130° Öchsle.

Ein Süßmost mit 45° Öchsle benötigt also, um sich zu einem guten und bekömmlichen Tischwein mit 10% Alkohol entwickeln zu können, (80° Öchsle = 10% Alkohol) eine Zuckerzugabe. Um die Flüssigkeit um 1° Öchsle zu erhöhen, wird der Süßmost mit 2,6 Gramm Zucker je Liter „angereichert". Bei dem angestrebten Öchslegrad von 80 müssen (80 minus 45) = 35° Öchsle hinzugefügt werden: 35 x 2,6 = 91 g/l. Bei einem 50-Liter-Ballon wären das 4,55 kg, also immerhin fast 10 Kilogramm Zucker.

Anhand dieses Rechenbeispiels lässt sich jede Verbesserung eines Süßmostes durchführen. Zur Anreicherung verwendet man feinen Kristallzucker, der in etwas angewärmten Süßmost aufgelöst wird. Erst, wenn sich am Boden der Schüssel keine Kristalle mehr zeigen, wird die gesättigte Zuckerlösung mit dem restlichen Süßmost vermischt.

Bestimmung des Säuregehalts

Neben dem Zucker gehören die Säuren zu den wichtigsten Bestandteilen eines Süßmostes. Während der Zuckeranteil die Weichen für den späteren Alkoholgehalt stellt, sorgt die Säure für den aromatischen Geschmack. Manche Süßmoste, beispielsweise aus säurearmen Apfelsorten, enthalten von Natur aus zu wenig Säure, um zu Apfelmost weiterverarbeitet werden zu können. Es empfiehlt sich daher, die im Süßmost vorhandene Säuremenge zu bestimmen. Das geschieht mit dem so genannten *Acidometer*.

Der Acidometer besteht aus einem gläsernen Standzylinder mit 20 ml Fassungsvermögen und einer Gradeinteilung. Dazu gehören außerdem eine Flasche Blaulauge (Titrierlösung) sowie ein Päckchen Lackmuspapier. Die flüssige Blaulauge wird so lange dem Süßmost hinzugefügt, bis er neutral ist, das heißt, dass die Menge der Flüssigkeitssäure mit der der Blaulauge identisch ist. Die Neutralisierung lässt sich am Umschlagen der gelben Farbe über Grün in Blau erkennen. Zur genauen Bestimmung wird zuerst der Süßmost bis zur 0-Marke des Glaszylinders eingefüllt und anschließend die Titrierlösung tropfenweise zugegeben. Zwischendurch muss das Glas geschüttelt werden, damit sich die beiden Flüssigkeiten miteinander vermischen. Sobald das Gelb des Süßmostes dunkler wird, um schließlich in Maigrün überzugehen, darf die Blaulauge nur noch in geringen Dosen zugegeben werden, bis das Grün zu Dunkelgrün wird. Nun kann an der Gradeinteilung abgelesen werden, wie viele Kubikzentimeter Blaulauge zugefügt worden sind. Die ermittelte Zahl (z. B. 8) bezieht sich auf den Säuregehalt im Süßmost und zwar in Gramm pro Liter (=g/l). Ein guter Süßmost sollte stets einen Säuregehalt von 6–8 g/l aufweisen.

Ist der Säuregehalt zu niedrig, so kann er durch Zugabe von *Milchsäure,* die in Konzentration von 50 und 80% erhältlich ist, erhöht werden. Milchsäure ist in gut sortierten Apotheken, Drogerien, Reformhäusern und natürlich im Fachhandel erhältlich (siehe Adressen). Wichtig ist, dass Milchsäure grundsätzlich nur anhand einer Säurebestimmung zugesetzt werden darf und die Menge von 3 g (=3,75 ml 80-prozentige Milchsäure) je Liter Most nicht überschreiten sollte. Dabei wird die Milchsäure tropfenweise in den Messzylinder des Acidometers gegeben, bis der gewünschte Wert erreicht ist. Jeder Packung liegt normalerweise eine ausführliche Gebrauchsanweisung bei. Da die Produkte der einzelnen Hersteller sich voneinander unterscheiden, kann hier keine allgemeingültige Formel aufgestellt oder Tabelle angeführt werden.

Gärung

Außer den bisher angesprochenen Substanzen enthält der ausgepresste Apfelsaft viele Arten von Mikroorganismen, die bereits in und auf den Äpfeln vorhanden waren, darunter auch Hefepilze. Diese so genannten „wilden Hefen“ bewirken die Umwandlung des im Süßmost enthaltenen Zuckers in Alkohol. Um ein Zufallsergebnis auszuschließen, wird der zu vergärende Süßmost mit mindestens 2% eines durch „echte Hefen“ (Reinzuchthefe) in heftiger Gärung befindlichen Fruchtsaftes „geimpft“. Diese eigentlichen Weinhefen werden aus vielen in der Natur vorkommenden Hefesorten ausgelesen, und können bis zu 15 oder 17 Vol.-% Alkohol bilden. Sie sind im Handel erhältlich und lassen sich einfach vermehren. Idealerweise besorgt man sich die Reinzuchthefe vor dem Auspressen der Äpfel, um bereits vor Beginn der Gärung einen so genannten *Gärstarter* anzusetzen. Das ist entweder ein aus eigener Pressung stammender oder im Laden gekaufter Liter Apfelsaft, der in einer großen Flasche oder einem Glasballon mit der Reinzuchthefe vermischt wird. Es gibt sie in verschiedenen, auf die jeweilige Obstsorte abgestimmten Typen, so auch solche, die sich besonders gut für Apfelmost eignen. Die Zugabe von *Hefenährsalztabletten* kann die Gärung positiv beeinflussen.

Die bis zu $^2/_3$ gefüllte Flasche wird mit einem Wattepfropfen oder Gäraufsatz verschlossen und an einen etwa 25°C warmen Ort gestellt. Von Zeit zu Zeit muss die Flasche geschwenkt werden, wobei allerdings die Flüssigkeit den Wattebausch nicht benetzen darf. Durch das Schwenken werden die am Boden liegenden Hefezellen aufgewirbelt und zum Gären aktiviert.

Zur heimischen Apfelessigproduktion benötigen Sie nicht viel

Nach einigen Stunden, spätestens aber nach zwei Tagen beginnt die Hefe, sich fleißig zu vermehren, indem sie den Zucker spaltet und in Alkohol und Kohlensäure umwandelt. Der Alkohol verbleibt im entstehenden Apfelmost, das Kohlensäuregas steigt nach oben und entweicht durch den Wattepropfen beziehungsweise den Gäraufsatz aus dem Gefäß. Nach fünf Tagen wird mit dieser sich in heftiger Gärung befindlichen Flüssigkeit der für die Mosterzeugung vorgesehene Süßmost „geimpft".

Kleinere Süßmostmengen sollte man im Glas gären lassen. Das kann, zum Beispiel für den ersten Versuch, eine 1 Liter fassende Korbflasche oder ein kleiner Glasballon sein. Glasballons sind besonders empfehlenswert, da sie wenig kosten, leicht zu reinigen sind und vor allem, weil man durch sie den Gärvorgang laufend beobachten kann.

TIPP

Beim Füllen der Flaschen oder Ballons sollte berücksichtigt werden, dass genügend Platz für die Zugabe von Zucker und für die vor allem zu Beginn des Gärprozesses einsetzende Schaumbildung bleibt. Beim Gärprozess benötigt der Apfelmost Leerraum, um sich ausdehnen zu können. Im Allgemeinen genügen hier 10% der jeweiligen Füllmenge.

Dem Süßmost sollte anfangs höchstens ein Drittel der im Rezept angegebenen Zuckermenge hinzugefügt werden. Je höher die Zuckerkonzentration ist, desto längere Zeit nimmt der Gärprozess in Anspruch. Ein zu hoher Zuckergehalt (etwa über 130° Öchsle) kann sogar die gesamte Gärung zum Ersticken bringen. Die Gärgefäße werden in einem Raum mit einer Idealtemperatur zwischen 18 und 20°C aufgestellt. Nach ungefähr zwei Tagen setzt im Ansatzgefäß eine stürmische Gärung ein, bei der Kohlensäuregas entweicht und sich ein starker Schaum, der so genannte *Hut*, bildet. Nach rund einer Woche wird das zweite Drittel Zucker in der gärenden Flüssigkeit aufgelöst. Das muss unbedingt erfolgen, bevor der Gärprozess zum Erliegen kommt, damit die Weinhefe nicht ohne Nahrung ist und sich weiter vermehren kann. Der restliche Zucker wird dann zwei bis drei Wochen nach Beginn der Gärung hinzu gefügt.

Nach rund drei Wochen lässt sich eine allmähliche Verlangsamung des Gärungsprozesses beobachten. Sobald der Großteil des Zuckers in Alkohol umgewandelt worden ist, beruhigt sich der Apfelmost und wird von oben nach unten hin heller. Die in der Flüssigkeit enthaltenen Trübstoffe setzen sich am Boden des Gefäßes ab und es entweicht auch kein Kohlensäuregas mehr aus dem Gäraufsatz. In diesem Stadium muss der Jungwein „abgezogen" werden: Man füllt den Apfelmost sorgfältig mit einem Schlauch in einen anderen Gärbehälter um und zwar so, dass möglichst viel Trub auf dem Boden des ersten Gefäßes zurückbleibt.

Nun wird es Zeit für den nächsten Schritt, den so genannten *Ausbau*, das heißt den nach der ersten Gärung stattfindenden Entwicklungs- und Veredelungsprozess des frisch gewonnenen Apfelmostes.

Ausbau

Das zweite Gärgefäß, in das der junge Apfelmost abgezogen wurde, muss bis zum Rand gefüllt sein. Es darf kein Sauerstoffpolster über der Flüssigkeit liegen, um schädlichen Bakterien keinen Nährboden zu bieten. Wenn das zweite Gefäß ebenso groß ist wie das erste, muss Füllwein hinzugefügt werden, der in einem Extragebinde seine Gärung durchlaufen hat. Ist das Lagergefäß des jungen Apfelmostes gefüllt, wird der Gäraufsatz aufgesetzt und das Gebinde an einem kühlen Ort aufgestellt.

Nach einiger Zeit sammeln sich auf dem Boden des Gefäßes erneut Sinkstoffe, es bildet sich abermals ein Hefedepot und der Apfelmost wird heller und klarer: Jetzt ist der richtige Zeitpunkt für den zweiten Abstich. Der Apfelmost sollte nun so hell sein, dass sich im Lagergefäß kein neues Trübdepot mehr bildet. Jetzt kann der Apfelmost in Flaschen abgefüllt beziehungsweise zu Apfelessig weiterverarbeitet werden.

Fixer Apfelmost

ZUTATEN

7 kg vollreife Äpfel (= 5 l Süßmost)
1 Fl. Reinzuchthefe „Steinberger"
1 Hefenährsalztablette

Gesamtzubereitungszeit: ca. 1 Monat

Die Äpfel waschen und entsaften wie oben beschrieben. Das Mostgewicht des Süßmostes auf 60° Öchsle einstellen, notfalls nachzuckern. Die Säure abstimmen, aber nicht mit Wasser verdünnen. Anschließend sofort mit der Reinzuchthefe und der in wenig (!) Wasser aufgelösten Nährsalztablette vermischen. Das Gärgefäß darf nur zu $^{2}/_{3}$ gefüllt sein, um genügend Raum für die Gasentwicklung zu lassen. Mit einem Gäraufsatz verschließen und an einem Ort mit konstanter Umgebungstemperatur von maximal 22°C gären lassen. Der Gärprozess dauert rund 4 Wochen und ist vollständig abgeschlossen, wenn sich keine Gasentwicklung mehr zeigt und sich die Hefe auf dem Boden des Gärgefäßes abgesetzt hat. Den fertigen Apfelmost mit dem Schlauch abziehen oder durch ein Mulltuch abfiltern.

Apfeldessertwein

Rund 1 Woche vor der Saftgewinnung wie oben beschrieben mit dem Apfelsüßmost und der Reinzuchthefe einen Gärstarter ansetzen. Sobald dieser bereit ist, Äpfel und Birnen sorgfältig waschen und zerkleinern. Mit 400 g Zucker und 3/4 Liter Wasser im Schnellkochtopf 20 Minuten kochen lassen. Durchschlag mit einem Mulltuch auslegen und auf eine Schüssel setzen. Die abgekühlte Fruchtmasse darauf laufen und abtropfen lassen. Nach einer Weile das Tuch verknoten und mit Hilfe eines Kochlöffels so aufhängen, dass der Saft noch besser ablaufen kann. Den Saft erhitzen und kochend heiß in Flaschen füllen. Abkühlen lassen. Den Süßmost so in ein Gärgefäß geben, dass dieses zu 2/3 gefüllt ist. 200 g Zucker in ein wenig angewärmtem Süßmost auflösen und mit der übrigen Flüssigkeit vermengen. Gäraufsatz aufstecken und wie beschrieben verfahren. Für eine Gärtemperatur von mindestens 20°C sorgen. Nach ungefähr einer Woche 200 g Zucker hinzu geben und den Rest dann nach noch einer weiteren Woche. Das Gärgefäß häufig sanft schwenken, um die Hefe immer wieder zur Aktivität anzuregen. Der Gärprozess kann bis zum Frühjahr andauern. Nach vollkommenem Abschluss der Gärung den Jungwein abstechen und probieren. Je nach Geschmack jetzt schon in Flaschen abfüllen oder vorher noch einmal klären. Eventuell ganz leicht nachsüßen.

ZUTATEN

3 kg vollreife Äpfel
1–2 vollreife Birnen (erleichtert die Klärung)
1 l Apfelsüßmost
1 Fl. Reinzuchthefe „Steinberger"
etwa 1 kg Zucker
Gesamtzubereitungszeit: ca. 6 Monate

Vom Apfelmost zum Apfelessig

Die Versuchung ist sicher groß, sich bereits mit dem selbst gemachten naturreinen Apfelmost zu begnügen. Ein Gläschen oder zwei sollten Sie sich auch gönnen, bevor Sie sich daran wagen, Ihren Most auf ganz einfache Weise in köstlichen Apfelessig zu verwandeln.

Die Verwandlung geht weiter …

Apfelessigansatz

Den Apfelmost in ein bauchiges Gefäß schütten und die Essigmutter hinzu fügen. Sanft schwenken und an einem warmen Ort aufstellen.

Den Essigsäurebakterien behagt Wärme, optimal ist eine Umgebungstemperatur von 25°–30°C. Die ideale Jahreszeit für die hauseigene Produktion von Apfelessig wäre daher eigentlich der Sommer. Aber auch im Winter können Sie Ihr neues Hobby pflegen, wenn Sie den Essigansatz nahe der Heizung aufstellen. Da die Essigbakterien ständig frischen Sauerstoff benötigen, darf das Ansatzgefäß nie fest verschlossen werden. Um den Ansatz trotzdem vor Verunreinigungen zu schützen, empfiehlt sich das Einsetzen von Watte in die Gefäßöffnung.

ZUTATEN

1 l Apfelmost
100 ml Essigmutter

Die Watte hält in der Regel auch die gefährlichen Kahmhefen ab, die ebenfalls in der Luft leben und den Essigansatz verderben könnten. Kahmhefen machen sich durch eine pelzige, schimmelige Haut auf der Oberfläche des Ansatzes bemerkbar. Sollte Ihr Ansatz durch Kahmhefen befallen sein, muss er leider weggeschüttet werden.

Behandlung des Rohessigs

Der Apfelessigansatz sollte mehrmals am Tag sanft geschwenkt werden, um die Sauerstoffzufuhr zu erhöhen. Dann fühlen sich die Essigbakterien wohl in ihrem Element und vermehren sich, während sie fleißig Essigsäure produzieren. Nach ein bis zwei Wochen bildet sich auf der Oberfläche ein dünnes Häutchen, ein Zeichen dafür, dass die Essigbakterien aktiv sind. Während des Vergärungsprozesses macht sich ein leicht stechender Geruch bemerkbar, der an Klebstoff erinnert. Es ist der Geruch von *Ethylacetat*. Die Essigbildung ist in vollem Gange. Nach einigen weiteren Wochen ist der Alkohol in Essigsäure umgewandelt und die Bakterien sterben teilweise ab. Junger Rohessig ist entstanden. Nur durch fortwährendes Probieren kann der richtige Zeitpunkt zum Filtrieren und Abfüllen ermittelt werden. Wenn der Rohessig sanft nach Essig schmeckt, ohne alkoholischen Beigeschmack, kann er in ein frisches Gefäß abgefiltert werden (Mulltuch, Papierfilter). Nun sollte er für etwa zwei bis drei Monate an einem dunklen kühlen Ort stehen, damit er sich weiter klären kann. Nach Ablauf dieser Zeit ist der Apfelessig „reif" und kann in Flaschen umgefüllt werden.

Wer die Essigmutter weiter verwenden möchte, sollte vor dem Abfiltern einen Rest Rohessig im Gärgefäß belassen und auch den Filtrierrückstand wieder hinzu fügen. Mit frischem Apfelmost kann nun ein neuer Ansatz, wie oben beschrieben, hergestellt werden. Die erste, käuflich erworbene Essigmutter kann also immer wieder verwendet werden. Bei sachgemäßem Umgang hält sie sich jahrelang.

Der fertige Apfelessig steckt voller wertvoller Inhaltsstoffe. Die wichtigsten finden Sie in folgender Tabelle.

VERGLEICH DER INHALTSSTOFFE VON APFELSÜẞMOST UND APFELESSIG JE 100 ML

	Apfelsüßmost	**Apfelessig**
Kalorien	48 kcal	16 kcal
Eiweiß	0,1 g	Spuren
Fett	Spuren	Spuren
Kohlenhydrate	11,7 g	0,5 g
Ballaststoffe	0,02 g	0,02 g
ß-Carotin	7 µg	1 µg
Vitamin B2	25 µg	20 µg
Vitamin B6	50 µg	20 µg
Vitamin B1	20 µg	20 µg
Alkohol	140 mg	Spuren
Essigsäure	--	5,0 g
Natrium	2 mg	1,9 mg
Kalium	115 mg	97 mg
Magnesium	4 mg	3 mg
Phosphor	8 mg	3 mg

Die Essigmutter

Bei der Essigmutter handelt es sich um Essigsäurebakterien, die bei der Essigproduktion als „Impfstoff" dienen. Sie ist als Rohessig mit aktiven Essigbakterien im Handel erhältlich. Bei der traditionellen Essigherstellung bildet sich im Laufe des Vergärungsprozesses eine gallertartige Masse, die ebenfalls als Essigmutter bezeichnet wird. Diese Masse besteht aus Essigbakterien, die sich mit Schleimbakterien vergesellschaftet haben. Trotz ihres wenig appetitlichen Aussehens enthält sie aber die gleichen Wirkstoffe wie die im Handel erhältliche Essigmutter und kann ebenso verwendet werden. Diese kleine Starthilfe ist nötig, um die hauseigene Essigherstellung effizient zu betreiben. Anders als bei selbst gemachtem Jogurt genügt es nicht, einfach einen Löffel gekauften Essig zu nehmen: Der käuflich zu erwerbende Essig wird üblicherweise pasteurisiert, geschwefelt oder zumindest keimfrei gefiltert. Dabei sterben neben anderen Mikroorganismen natürlich auch die Essigbakterien ab.

TIPP

Inzwischen werden allerdings naturbelassene Essige immer beliebter und sind unter Umständen als Starthilfe zu verwenden. Die Nachfrage im Bioladen oder auf dem Wochenmarkt, wo loser Essig verkauft wird, lohnt auf jeden Fall.

Die Essigmutter wird normalerweise in 100-ml-Fläschchen verkauft und genügt für den Ansatz von einem Liter Apfelmost. Einmal geöffnet, sollte das Fläschchen mit den empfindlichen aktiven Essigbakterien vollständig aufgebraucht werden. Es ist möglich, aus einem Fläschchen Essigmutter weit über 20 Liter Apfelessig zu produzieren. Dazu muss lediglich der erste Ansatz alle ein bis zwei Wochen mit weiteren Litern Apfelmost gestreckt werden. So kann Ihre Essigmutter im wahrsten Sinne des Wortes zu einer Mutter ganzer Generationen von Apfelessigen werden. Wie viel Apfelessig Sie aus einer Essigmutter gewinnen möchten, können Sie selbst entscheiden. Wer nicht besonders risikofreudig ist, wählt für jeden neuen Essigansatz eine frische Essigmutter.

Die Gerätschaften

Wenige Gerätschaften genügen, um die hauseigene Produktion von naturreinem Apfelessig aufzunehmen. Das wichtigste ist dabei der so genannte *Essigbildner*. Hierbei handelt es sich ganz einfach um das Gefäß, in dem der Apfelmost angesetzt wird und zu Essig vergärt. Geeignet sind bauchige Gefäße aus Materialien wie Ton, Holz, Glas und Edelstahl sowie säurebeständiger Kunststoff. Keinesfalls verwendet werden dürfen andere Metallgefäße als aus Edelstahl, da diese von der Essigsäure angegriffen und dabei gesundheitsschädliche Stoffe frei werden. Entscheidend ist vor allem eine möglichst große Flüssigkeitsoberfläche, damit eine hohe

Sauerstoffzufuhr für die Bakterien gewährleistet ist. Als geradezu ideal und kostengünstig haben sich bauchige Weinflaschen erwiesen, die nur zur Hälfte gefüllt werden. Praktisch sind auch Einmachgläser oder größere Saftflaschen. Alle Geräte und Gefäße sollten vor ihrer Verwendung gut gesäubert und mit viel klarem Wasser ausgespült worden sein, um wirklich alle Spülmittelreste zu entfernen.

Haltbarkeit und Lagerung

Vom Apfel über Süßmost und Apfelwein bis zum Apfelessig: Sie haben es geschafft und blicken stolz auf wohl gefüllte Regale mit selbst hergestelltem Apfelessig. Damit Sie lange Freude an Ihrem Naturprodukt haben, sollten Sie die folgenden Tipps zur richtigen Lagerung beherzigen.

TIPPS

- **Ungeöffnete Apfelessigflaschen sollten an einem kühlen, dunklen und trockenen Ort aufbewahrt werden. Dann halten sie sich durchaus mehrere Monate bis zu einem Jahr. Einmal geöffnet, kann, muss man sie aber nicht im Kühlschrank aufbewahren. Im Kühlschrank halten sie sich naturgemäß ein wenig länger.**
- **Nach jedem Gebrauch sollten Sie Ihren Apfelessig wieder fest verschließen. Gelangt Luft an die Flüssigkeit, bildet sich häufig eine neue Essigmutter (vgl. oben). Der Essig ist dann nicht etwa schlecht geworden, sollte aber vor dem nächsten Gebrauch noch einmal filtriert werden.**
- **Wenn sich Schimmel auf Ihrem Apfelessig gebildet hat, muss der Inhalt unbedingt weggeschüttet werden! Schimmel ist stark gesundheitsschädlich!**

Kräuter & Co.: Apfelessig verfeinern

Sie wollen die Würze sommerlicher Kräuter für den Winter bewahren? Oder Ihrem selbst gemachten Apfelessig eine ganz besondere Note verleihen? Mit wenig Aufwand lassen sich köstliche Gewürzessige selbst herstellen. Alles, was Sie dazu brauchen, sind frische Kräuter, Gewürze oder Fruchtstücke und natürlich Ihren selbst hergestellten Apfelessig. Verwenden Sie beim Ansetzen hellwandige Flaschen mit Verschluss. Vor dem Gebrauch sollten diese sorgfältig gereinigt und getrocknet werden. Falls Sie die Kräuter im eigenen Garten ernten können, sollten Sie sie vor der Blüte schneiden: Dann ist ihr Aroma am intensivsten! Schneiden Sie die Kräuter morgens bei trockenem Wetter, wenn der Tau bereits verdunstet ist. Alle Zutaten, wie frische Kräuter, Fruchtstücke oder Knoblauch, sollten gut mit Apfelessig bedeckt sein, damit herausragende Teile keinen Schimmel ansetzen. Essig zieht die Aromen zumeist innerhalb von zwei bis vier Wochen aus den eingelegten Zutaten heraus.

Sie können viele aromaspendende Ingredienzien jedoch auch im Ansatzessig belassen, solange sie mit Flüssigkeit bedeckt sind. Ausnahmen, wie bei Beerenfrüchten oder Zitronenschale, entnehmen Sie bitte den einzelnen Rezepten. Abgefilterter Würzessig lässt sich ein Jahr und länger lagern. Übrigens: Abgefüllt in schöne Flaschen, ist Würzessig ein willkommenes und originelles Mitbringsel!

Bei der Herstellung sind Ihrer Fantasie und Kreativität keine Grenzen gesetzt. Die hier vorgestellten Rezepte sollen lediglich als Anregung dienen. Beim Ausprobieren werden Sie sicher noch mehr finden. Viel Spaß beim Experimentieren!

Adventsessig

Die Zimtstangen zerbröseln und mit den anderen Zutaten in eine Ballonflasche geben. So lange im Kreis schwenken, bis sich der Zucker vollständig aufgelöst hat. Den Ansatz rund zwei Wochen an einem dunklen, kühlen Ort ziehen lassen. Dann abfiltern und in Flaschen füllen. Wer mag, steckt zur Dekoration frische Zimtstangen in die Flaschen.

ZUTATEN

1 l Apfelessig
4 EL frische Basilikumblätter
4 Zimtstangen
1 TL Kreuzkümmel
8 Gewürznelken
1 Prise Zucker

Basilikumessig

Den Knoblauch schälen und halbieren. Alle Zutaten in eine luftdicht schließende Ballonflasche geben und zwei Wochen ruhen lassen. Dann abseihen und in Flaschen füllen.

ZUTATEN

1 l Apfelessig
3 EL frische Basilikumblätter
3 Knoblauchzehen
15 schwarze Pfefferkörner
1 Prise Meersalz

Dillessig

Den Knoblauch schälen und wie den Dill kleinhacken. Alle Zutaten in einen hohen Topf geben und kurz (!) aufkochen lassen. Dann in einen luftdicht schließenden Glasballon füllen und zwei Wochen ruhen lassen. Anschließend abfiltern und in Flaschen füllen.

ZUTATEN

1 l Apfelessig
2 Bund frischer Dill
2 Knoblauchzehen
1 TL schwarze Pfefferkörner

Erdbeeressig

Die Erdbeeren vorsichtig waschen und gut abtropfen lassen. Die Kelche abzupfen und halbreife oder zerdrückte Früchte aussortieren. Die vorbereiteten Beeren in einen Glasballon geben und mit dem Apfelessig übergießen. Luftdicht verschließen und den Ballon an einen sonnigen Fensterplatz stellen. Rund zwei Wochen ziehen lassen, dabei täglich zweimal sanft schwenken. Abfiltern und noch einmal zwei Wochen ziehen lassen. Auf dem Boden des Gefäßes bildet sich ein leichter Trub, der keine Qualitätsminderung bedeutet. Erneut filtern, wobei der Bodensatz möglichst nicht aufgewirbelt werden sollte. In Flaschen abfüllen und an einem dunklen Ort aufbewahren.

ZUTATEN

1 l Apfelessig
1 kg frische reife Erdbeeren

Estragonessig

Die Estragonblätter vorsichtig zerrupfen und mit dem Apfelessig übergießen. Die Prise Salz hinzu fügen. Das Ansatzgefäß luftdicht verschließen und an einem dunklen, kühlen Ort mindestens vier Wochen ziehen lassen. Abfiltern und in Flaschen füllen. Estragonessig eignet sich besonders für die Weiterverarbeitung zu Senf sowie zur Herstellung von würzigen Saucen.

ZUTATEN

1 l Apfelessig
40 g Estragonblätter
1 Prise Salz

Gewürzessig

Alle Zutaten in einen Topf geben und bei mittlerer Hitze abgedeckt zum Kochen bringen. Etwa fünf Minuten köcheln lassen, dann abfiltern und abkühlen. Anschließend in Flaschen füllen.

ZUTATEN

1 l Apfelessig
je 5 g Gewürznelken, Muskatblüte, Piment, bunte Pfefferkörner und Zimtstange
1 TL Kräutersalz

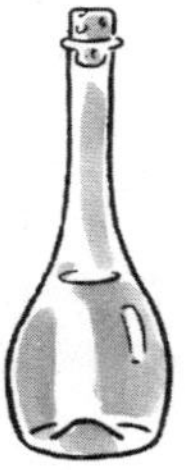

Himbeeressig

Die Himbeeren kurz abspülen. Alle Zutaten in einen luftdicht schließenden Glasballon geben und so lange schwenken, bis sich der Vanillinzucker vollständig aufgelöst hat. Den Ansatz rund zwei Wochen an einem dunklen, kühlen Ort ziehen lassen, dann in Flaschen füllen. An Stelle von Himbeeren können auch Brombeeren verwendet werden.

ZUTATEN

1 l Apfelessig
2 kg frische Himbeeren
2 Päckchen Vanillinzucker

Holunderessig

Die Holunderblüten unbedingt morgens pflücken und nicht waschen! Vorsichtig von den Zweigen zupfen und in den Apfelessig geben. In einer luftdicht verschlossenen Flasche zwei Wochen ziehen lassen. Dann abseihen und in Flaschen füllen.

ZUTATEN

1 l Apfelessig
8 El frische Holunderblüten

Honigessig

Den Honig im Essig unter Rühren auflösen. Gegebenenfalls dabei leicht erwärmen. Anschließend den Thymian hinzu fügen und in Flaschen füllen.

ZUTATEN

1 l Apfelessig
50–100 g Honig
1 Zweig Thymian

Ingweressig

Die grob gehackte Ingwerknolle mit dem Apfelessig übergießen und in einem luftdicht verschlossenen Gefäß rund zwei Wochen an einem dunklen, kühlen Platz ziehen lassen. Dann abfiltern und den in ein wenig angewärmten Apfelessig aufgelösten Honig unterrühren. In Flaschen abfüllen.

Ingweressig eignet sich vor allem für die exotische Küche. Salate und Fischgerichte erhalten durch ihn eine eigenwillige, aber dezente Note.

ZUTATEN

1 l Apfelessig
1/2 Ingwerknolle
1 EL Honig

Knoblauchessig

Die Knoblauchzehen schälen und durch eine Presse drücken. Mit dem Essig in einem Ballonglas ansetzen. Nach zwei Wochen verkosten und nach Geschmack, spätestens aber nach vier Wochen abfiltern und in Flaschen füllen.

ZUTATEN

1 l Apfelessig
5 dicke Knoblauchzehen

Kräutergartenessig

Die grob zerkleinerten Kräuter mit dem Apfelessig übergießen und in einem luftdicht verschlossenen Gefäß rund drei Wochen an einem dunklen, kühlen Platz ziehen lassen. Dann abfiltern und in Flaschen füllen. Wer mag, gibt zur Dekoration ein paar Kräuterzweiglein in die Flaschen.

ZUTATEN

1 l Apfelessig
10 g Liebstöckel
10 g Majoranblätter
10 g Oregano
10 g Petersilie
10 g Schnittlauch
10 g Thymian
1 Prise Salz

Kümmelessig

Den Kümmel im Mörser zerstoßen und mit dem Apfelessig übergießen. In einem luftdicht verschlossenen Gefäß an einem dunklen, kühlen Ort rund drei Wochen ziehen lassen. Dann abfiltern und in Flaschen füllen.

Kümmelessig verfeinert viele Speisen und Salate, zu deren Zubereitung Kümmel benötigt wird.

ZUTATEN

1 l Apfelessig
50 g Kreuzkümmel
50 g gewöhnlicher Kümmel

Lärchenessig

Die Lärchenzweige grob zerkleinern und mit den Nadeln und der fein gehackten Knoblauchzehe in ein luftdicht verschließbares Gefäß geben. Den Waldhonig in ein wenig angewärmtem Apfelessig auflösen und hinzu fügen. Mit dem restlichen Apfelessig übergießen und fünf Wochen an einem dunklen, kühlen Ort ziehen lassen. Dann abfiltern und in Flaschen füllen. Ein frischer Lärchenzweig in jeder Flasche sieht sehr dekorativ aus.

Lärchenessig mit seinem intensiven Harzaroma ist besonders für die Zubereitung von schweren Salaten und Wildgerichten geeignet.

ZUTATEN

1 l Apfelessig
100 g Lärchenzweige und -nadeln
50 g Waldhonig
1 Knoblauchzehe

Lavendelessig

Die Lavendelblüten vorsichtig von den Stielen zupfen und mit dem Saft der Zitrone sowie ein wenig Apfelessig rund einen halben Tag lang in einem luftdicht verschlossenen Gefäß ziehen lassen. Die Blütenblätter müssen dabei vollständig mit Apfelessig bedeckt sein. Dann den restlichen Apfelessig hinzu fügen und die Mixtur langsam auf 40°C erhitzen. Abkühlen lassen und anschließend in einem luftdicht verschlossenen Ansatzgefäß zwei Wochen lang an einem dunklen, kühlen Ort ziehen lassen. Abfiltern und den in ein wenig Apfelessig aufgelösten Honig hinzu fügen. In Flaschen abfüllen.

Lavendelessig eignet sich besonders für die Zubereitung von Salaten mit mediterranem Flair sowie von Fleischgerichten.

ZUTATEN

1 l Apfelessig
50 g Lavendelblüten
1 ungespritzte Zitrone
1 EL Honig

Lorbeeressig

Alle Zutaten in ein luftdicht schließendes Gefäß geben und rund zwei Wochen ziehen lassen. Die geschälten Knoblauchzehen und Chilischoten herausnehmen und den Lorbeeressig mitsamt den Kräutern in Flaschen füllen.

Lorbeeressig passt hervorragend zu Speisen mit Schweinefleisch, Kaninchenfleisch und sauren Nieren. Außerdem verleiht er chinesischen süßsauren Gerichten den entscheidenden Pfiff.

ZUTATEN

1 l Apfelessig
15 Lorbeerblätter
1 frischer Zweig Rosmarin
2 EL Korianderkörner
2 getrocknete Chilischoten
6 Knoblauchzehen

Majoranessig

Alle Zutaten in ein luftdicht verschließbares Ansatzgefäß geben und rund sechs Wochen ziehen lassen. Dann abfiltern und in Flaschen füllen.

ZUTATEN

1 l Apfelessig
40 g Majoranblätter
10 g Kümmel

Melissen-Minze-Essig

Die Kräuter mit dem Apfelessig übergießen. Den Honig in ein wenig angewärmtem Apfelessig auflösen und dem Ansatz hinzu fügen. Alles einmal sanft durchschwenken und luftdicht verschließen. Den Ansatz an einem dunklen, kühlen Ort etwa fünf Wochen ziehen lassen. Dann abfiltern und in Flaschen füllen.

Dieser im Geschmack sehr frische Aromaessig eignet sich nicht nur hervorragend zur Zubereitung von Sommersalaten, sondern ist in verdünnter Form auch ein leckerer Durstlöscher.

ZUTATEN

1 l Apfelessig
20 g Pfefferminzblätter
20 g Zitronenmelissenblätter
1 EL Honig

Nelkenessig

Die Blütenböden der Nelkenblütenblätter entfernen und die Blüten in ein luftdicht verschließbares Gefäß geben. Mit dem Apfelessig übergießen und rund vier Wochen an einem dunklen, kühlen Ort ziehen lassen. Abfiltern und in Flaschen füllen.

Nelkenessig passt durch sein sanft würziges Aroma besonders gut zu allen fruchtigen Salaten.

ZUTATEN

1 l Apfelessig
40 g Nelkenblütenblätter

Nussessig

Die gehackten Nüsse zusammen mit dem Apfelessig auf 40°C erwärmen. Abkühlen lassen und in einem luftdicht verschlossenen Ansatzgefäß rund vier bis acht Wochen an einem dunklen, kühlen Ort ziehen lassen. Dann abfiltern und nach Belieben mit Zimt würzen. In Flaschen abfüllen und zügig verbrauchen.

Nussessig eignet sich vor allem für die Zubereitung von Salaten, aber auch zum Würzen von Torten und Süßspeisen, die eine leicht säuerliche Note erhalten sollen.

ZUTATEN

1 l Apfelessig
200 g Hasel- oder Walnüsse
1 Prise Zimt

Oregano-Rosmarin-Essig

Alle Zutaten in einem luftdicht schließenden Gefäß ansetzen und an einem dunklen, kühlen Ort rund fünf Wochen ziehen lassen. Dann abfiltern und in Flaschen füllen.

Oregano-Rosmarin-Essig passt besonders gut zu Wild- und Lammgerichten.

ZUTATEN

1 l Apfelessig
30 g Oregano
30 g Rosmarin

Pfefferessig

Die Zitronen schälen und das Fruchtfleisch zerhacken. Kerne dabei aussondern. Die Pfeffer- und Senfkörner im Mörser zerstoßen und mit dem Fruchtfleisch in einen luftdicht verschließbaren Glasballon geben. Mit dem Apfelessig übergießen. Rund vier Wochen an einem dunklen, kühlen Ort ziehen lassen. Dann abfiltern und in Flaschen füllen.

ZUTATEN

1 l Apfelessig
2 ungespritzte Zitronen
50 g schwarze Pfefferkörner
50 g helle Senfkörner

Provenceessig

Zwiebel und Knoblauchzehe schälen und klein hacken. Alle Zutaten in ein luftdicht verschließbares Gefäß geben und an einem dunklen, kühlen Ort ziehen lassen. Dann abfiltern und in Flaschen füllen.

ZUTATEN

1 l Apfelessig
1 kleine Zwiebel
1 Knoblauchzehe
je 1 EL frisches Basilikum, Dill, Estragon, Kerbel, Schnittlauch und Thymian

Rosenessig

Die Rosenblütenblätter sanft zerrupfen und mit dem Saft der Zitrone sowie ein wenig Apfelessig rund einen halben Tag lang in einem luftdicht verschlossenen Gefäß ziehen lassen. Die Blütenblätter müssen dabei vollständig mit Apfelessig bedeckt sein. Dann den restlichen Apfelessig hinzu fügen und die Mixtur langsam auf 40°C erhitzen. Abkühlen lassen und anschließend in einem luftdicht verschlossenen Ansatzgefäß mindestens zwei Wochen lang an einem dunklen, kühlen Ort ziehen lassen. Abfiltern und nach Belieben zuckern. Statt Zucker kann auch in erwärmtem Apfelessig gelöster Honig verwendet werden. In Flaschen füllen und je eine frische ungespritzte Rosenblüte hinein geben.

ZUTATEN

1 l Apfelessig
30 g ungespritzte Rosenblütenblätter
1 ungespritzte Zitrone
evtl. etwas Zucker

Rosinenessig

Zutaten in ein luftdicht verschließbares Ballonglas geben und rund acht Wochen lang stehen lassen. Den Ansatz anschließend abseihen und in Flaschen füllen. Wer mag, lässt einige Rosinen zur Dekoration in den Flaschen.

ZUTATEN

1 l Apfelessig
100 g Rosinen
1 Zimtstange

Senfkornessig

Senfkörner im Mörser zerstoßen; Knoblauchzehen schälen und halbieren. Alle Zutaten in ein luftdicht schließendes Ballonglas geben und an einem dunklen, kühlen Ort rund drei Wochen ziehen lassen. Anschließend abfiltern und in Flaschen füllen. Wer es ein wenig feuriger liebt, kann die Pfefferdosis erhöhen und weniger Senfkörner verwenden: Das gibt einen leckeren Pfefferessig für feurig-scharfe Gerichte!

ZUTATEN

1 l Apfelessig
Saft von 2 Zitronen
3 EL schwarze Pfefferkörner
3 EL Senfkörner
2 Knoblauchzehen

Veilchenessig

Alle Zutaten in ein Ballonglas geben, luftdicht verschließen und an einem dunklen, kühlen Ort drei Wochen lang ziehen lassen. Anschließend abseihen und in Flaschen füllen.

Veilchenessig kann mit einer grob zerbröselten Zimtstange, die in den Ansatz gegeben wird, noch verfeinert werden.

ZUTATEN

1 l Apfelessig
20 g ungespritzte Veilchenblüten

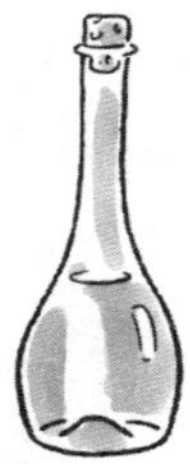

Wacholderessig

Alle Zutaten in ein luftdicht schließendes Glasgefäß geben und an einem dunklen, kühlen Ort mindestens vier Wochen ziehen lassen. Dann abfiltern und in Flaschen füllen.

Wacholderessig eignet sich besonders zum Würzen von edlen Wildsaucen, feinen Buttersaucen, Sauce Béarnaise sowie für Fleischsalat mit dunklem Fleisch. Auch zum Beizen von Fleisch vor dem Braten oder Grillen ist Wacholderessig geradezu ideal.

ZUTATEN

1 l Apfelessig
1 Bd. Pimpinelle
2 Zweige Estragon
2 EL Wacholderbeeren

Zitronenessig

Alle Zutaten in ein Ballonglas geben, dieses luftdicht verschließen und an einem dunklen, kühlen Ort rund drei Wochen ziehen lassen. Dann filtern und in Flaschen füllen.

ZUTATEN

1 l Apfelessig
geriebene Schale von
4 ungespritzten Zitronen
1 Zweig Thymian

Zwiebelessig

Zwiebel schälen und hacken; Lauchstange schälen und in Scheiben schneiden. Alle Zutaten in einem luftdicht schließenden Gefäß ansetzen und rund drei Wochen ziehen lassen. Dann abfiltern und in Flaschen füllen.

Hübsch und appetitlich sieht es aus, wenn man jeweils eine kleine frische Lauchstange in die Flaschen gibt.

ZUTATEN

1 l Apfelessig
1 kleine Zwiebel
1 Lauchstange

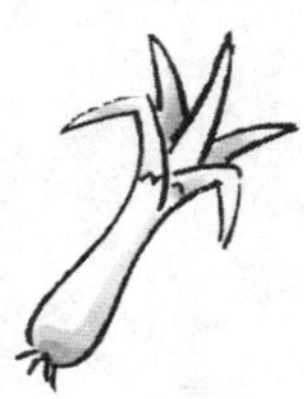

Apfelsenf

Senf (Mostrich) ist heute als Würze vieler Fleischspeisen und Saucen nicht mehr aus der feinen Küche wegzudenken. Essig ist neben Senfsamen eine der wichtigsten Grundlagen eines jeden Senfes. Der Name Senf stammt vermutlich aus dem alten Ägyptischen und gelangte über das griechische und lateinische sinapi in unsere Gefilde und Speisekammern. Senf kann man zwar überall käuflich erwerben, doch macht es viel mehr Spaß, ihn selbst herzustellen. Pikante Senfsorten mit Apfelnote können Sie schnell selbst zubereiten und Ihrer Fantasie dabei freien Lauf lassen. Je fruchtiger der verwendete Apfelmost, desto harmonischer ist sein Geschmack. Der selbst gemachte Senf ist ein wenig gröber als der gekaufte, da ein feines Zermahlen der Senfkörner, wie sie in der industriellen Produktion erfolgt, zu Hause nicht machbar ist. Dadurch gewinnt Ihr Senf aber einen ganz persönlichen Charakter. Die folgenden Rezepte sind, wie beim verfeinerten Apfelessig, wieder nur eine Auswahl aus der nahezu unbegrenzten Vielfalt an möglichen Geschmacksrichtungen.

Essig und Senfkörner sind die Hauptbestandteile von Senf

Dijonsenf

Die Senfkörner zusammen mit dem Apfelessig und dem Mineralwasser in ein verschließbares Glas- oder Keramikgefäß geben und rund vier Stunden ziehen lassen. Dann die übrigen Zutaten hinzu fügen und alles mit dem Mixstab pürieren. Anschließend in kleine Keramiktöpfchen abfüllen. Dieser mittelscharfe Senf kann im Kühlschrank ein halbes Jahr lang aufbewahrt werden und ist als „Senf-Klassiker" immer ein willkommenes Mitbringsel.

ZUTATEN

350 g gelbe Senfkörner
1/2 l Apfelessig
1/2 l kohlensäurefreies Mineralwasser
2 EL Meersalz
2–3 halbierte Knoblauchzehen
3 halbierte Schalotten

Honigsenf

Senfkörner mahlen, Meerrettich reiben. Alle Zutaten in einem metallfreien Gefäß pürieren. Kurz erhitzen und anschließend in kleine Keramiktöpfchen abfüllen. Im Kühlschrank kann dieser süße Senf bis zu einem halben Jahr aufbewahrt werden.

ZUTATEN

250 g gelbe Senfkörner
200 g brauner Zucker
60 g Zucker
1/2 l Apfelessig
15 g frischer Meerrettich (nach Belieben)

Feiner Kräutersenf

Die Senfkörner im Mörser zerstoßen, mit dem Apfelessig und dem Weißwein übergießen und bei einer Temperatur von 40°C drei Stunden ziehen lassen. Nun die frischen Gartenkräuter zerkleinern und sorgfältig mit der Senf-Essig-Wein-Mixtur vermengen. Anschließend in kleine Glas- oder Keramiktöpfchen abfüllen. Der Kräutersenf hält sich rund sechs Monate.

ZUTATEN

400 g gelbe Senfkörner
1/2 l Apfelessig
1/2 l trockener Weißwein
2 EL Kräutersalz
8 EL frische Gartenkräuter (nach Belieben)

Pikanter Apfelsenf

Die Senfkörner mit den Pfefferkörnern und dem Zucker fein vermahlen und in eine hohe bauchige Flasche geben. Den Apfelessig und den Apfelwein vorsichtig hinzu fügen und vier Stunden stehen lassen. Anschließend den halben Apfel schälen, entkernen und mit dem Essig-Wein-Ansatz mindestens zehn Minuten lang im Mixer verquirlen. Dann in einen großen Topf geben und unter ständigem Rühren bei geringer Hitze aufkochen lassen. Nach einiger Zeit verdickt sich die Masse. Wichtig ist dabei, dass während der gesamten Kochdauer ständig weitergerührt wird, um ein Anbrennen des Senfes zu vermeiden. Wenn die gewünschte Senfkonsistenz erreicht ist, den Senf in Behälter aus Glas oder Keramik füllen und verschließen. Kühl und dunkel, aber nicht im Kühlschrank lagern, da der Senf sonst zu sehr zum Eindicken neigt. Der pikante Apfelsenf ist rund drei Monate haltbar.

ZUTATEN

300 g gelbe Senfkörner
100 g schwarze Senfkörner
1 TL weißer Pfeffer
1 TL Piment
100 g Zucker
1/4 l Apfelessig
1/4 l frischer Apfelmost
1/2 Apfel
1 EL Meersalz

Rosmarinsenf

Apfelessig und Apfelmost vermischen und in einem Topf sanft erhitzen. Währenddessen die Senfkörner im Mörser zermahlen. Den Topf vom Herd nehmen und den Zitronensaft unterrühren. Gehackten Rosmarin hinzu fügen und alles abkühlen lassen. Wenige Esslöffel der Mixtur mit den gemahlenen Senfkörnern verrühren, so dass eine glatte Masse entsteht. Die restliche Essigmischung unterrühren, bis der Rosmarinsenf eine cremige Konsistenz hat. Dann mit Salz und Pfeffer abschmecken und in kleine Töpfchen füllen.

Diesen Kräutersenf können Sie auch sehr gut mit frischem Basilikum oder Thymian zubereiten.

ZUTATEN

200 g gelbe Senfkörner
$^{1}/_{2}$ l Apfelessig
5 EL Apfelmost
2 EL Zitronensaft
50 g Rosmarin
Salz
Weißer Pfeffer

Schneller Apfelsenf

Das Senfmehl mit dem Apfelessig aufkochen und danach mit den übrigen Zutaten vermischen (Pfeffer frisch mahlen). In einer Glasschüssel so lange rühren, bis der Senf vollständig erkaltet ist. Dann in kleine Glas- oder Keramikgefäße abfüllen. Der schnelle Apfelsenf ist rund drei Monate haltbar.

Durch die Verwendung von aromatisierten Apfelessigen können Sie dem schnellen Apfelsenf eine besondere Note geben.

ZUTATEN

300 g Senfmehl beliebiger Farbe
$^{3}/_{4}$ l Apfelessig
2 EL Zucker
1 TL Kräutersalz
Etwas schwarzer Pfeffer

Whiskysenf

Den Apfelessig langsam erhitzen und in der Zwischenzeit die Senfkörner im Mörser zerstoßen. Etwa 20 Minuten ruhen lassen und dann den Whisky unter die noch warme Masse geben. Mit Salz und etwas frisch gemahlenem Pfeffer abschmecken. So lange weiter rühren, bis die Masse vollständig erkaltet ist. Erst dann in kleine Keramikgefäße abfüllen. Zwei Wochen ruhen lassen und innerhalb von sechs Monaten verbrauchen.

ZUTATEN

400 g gelbe Senfkörner
1 l Apfelessig
1/16 l Whisky
1 TL Salz
Schwarzer Pfeffer

Posca – der Powerdrink aus der Antike

Posca oder *Potus* hieß das Getränk, das die römischen Legionäre auf ihren Feldzügen genossen. An heißen Sommertagen und bei Erschöpfung wirkte es erfrischend und innerlich desinfizierend bei Schwäche und Krankheiten.

Posca

Posca

Posca hat sich in der einen oder anderen Form bis heute im Orient als Erfrischungsgetränk gehalten und wird auch in ländlichen Gegenden Deutschlands als Erfrischungsgetränk genossen. Posca ist ein schneller Powerdrink, den auch Sie sich täglich gönnen sollten. Alle Zutaten gut miteinander vermischen und – genießen!

ZUTATEN

1 Glas kohlensäurefreies Mineralwasser
2 TL Apfelessig
Honig nach Belieben

Switzel

Eine nicht ganz so antike Form des Powerdrinks ist der *Switzel*, ein Getränk, das in der heißen Erntezeit in den angelsächsischen Ländern häufig zu den Mähern auf die Felder gebracht wurde und wird. Alle Zutaten miteinander vermischen und sofort genießen.

ZUTATEN

1 Glas kaltes Wasser
2 TL Apfelessig
1 Schuss Ingwerbier oder -limonade

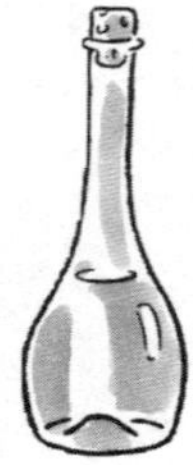

Anwendungsformen von Apfelessig

Heilung aus der Natur

Apfelessig, ein altbewährtes Mittel der Volksmedizin, ist aufgrund seiner guten Verträglichkeit für jeden geeignet. Auch Kinder, ältere Menschen und sogar Haustiere können unbedenklich mit Apfelessig behandelt werden. Natürlich kann er nicht alle Beschwerden heilen und sollte auch keinesfalls den Hausarzt ersetzen. Aber er ist ein natürliches Heilmittel, ohne Nebenwirkungen, das bei leichteren Beschwerden lindernd wirkt und als begleitende Therapieform bei vielen Erkrankungen bis hin zu Krebs eingesetzt werden kann.

Apfelessig erhebt nicht den Anspruch, ein Allheilmittel zu sein. Aber er ist ein sehr schonendes Therapeutikum und wirkt dementsprechend langsam. Sie sollten also ein wenig Geduld mitbringen, wenn Sie sich auf Apfelessig als Heilmethode einlassen. Wenn sich Ihre Beschwerden auch nach einiger Zeit nicht bessern, sollten Sie in jedem Fall Ihren Arzt aufsuchen!

Auf den folgenden Seiten werde ich Ihnen kurz darstellen, bei welchen Krankheiten sich der Einsatz von Apfelessig bewährt hat. Um ein schnelleres Auffinden der einzelnen Krankheitsbilder zu erleichtern, sind sie alphabetisch geordnet. Die folgenden Ausführungen erheben dabei keinen Anspruch auf Vollständigkeit. Wenn darin Apfelessigwasser empfohlen wird, dann immer im Mischungsverhältnis von 1 zu 1.

Von Arthritis bis Zahnschmerzen

Arthritis

Apfelessig wirkt abschwellend, schmerzlindernd, gleicht Mineralstoffmangel aus und aktiviert den Stoffwechsel. Trinken Sie bis zu fünfmal täglich den Posca-Powerdrink rund 15 Minuten vor den Mahlzeiten, den ersten morgens auf nüchternen Magen.

Blasenentzündung

Apfelessig säuert den Harn an und besitzt so eine keimtötende Wirkung. Trinken Sie bis zu sechsmal täglich den Posca-Powerdrink.

Durchfall

Die Inhaltsstoffe des Apfelessigs wirken regulierend auf die Magen- und Darmtätigkeit. Darüber hinaus erhält Ihr Körper die durch den Durchfall verlorenen Vitamine und Mineralstoffe zurück. Trinken Sie bis zu fünfmal täglich den Posca-Powerdrink.

Erbrechen

Apfelessig wirkt beruhigend auf die durch Erbrechen angegriffenen Magenwände und hilft so als Sofortmaßnahme. Er besitzt eine keimtötende Wirkung und versorgt Ihren Körper mit den lebenswichtigen Vitaminen und Mineralstoffen. Trinken Sie gleich nach Auftreten der Beschwerden den Posca-Powerdrink in kleinen Schlucken bis zu dreimal täglich, wobei Sie jedoch den Honig weglassen sollten.

Fieber

Schon unsere Großmütter verwendeten Essigsocken als fiebersenkendes Mittel. Dazu tauchen Sie Socken aus reiner Baumwolle in Apfelessigwasser und streifen Sie über die Füße. Darüber ziehen Sie ein Paar trockene Strümpfe. Unterstützend wirkt der bis zu fünfmal täglich getrunkene, leicht erwärmte Posca-Powerdrink.

Gelenkschmerzen

Apfelessig wirkt schmerzlindernd, gleicht Mineralstoffmangel aus und aktiviert den Stoffwechsel. Trinken Sie bis zu fünfmal täglich den Posca-Powerdrink vor den Mahlzeiten, den ersten morgens auf nüchternen Magen.

Heuschnupfen

Apfelessig verstärkt die Abwehrkräfte des Immunsystems. Beginnen Sie einen Monat vor Auftreten der ersten Pollenflüge mit einer Apfelessig-Kur. Trinken Sie dreimal täglich den Posca-Powerdrink und verwenden Sie reichlich Apfelessig bei der Zubereitung Ihrer Mahlzeiten. Führen Sie die Kur so lange durch, bis die Pollen, die Ihren Heuschnupfen hervorrufen, verblüht sind.

Insektenstiche

Apfelessig wirkt desinfizierend, abschwellend und mindert den unangenehmen Juckreiz nach einem Insektenstich. Geben Sie sofort nach dem Einstich reinen Apfelessig auf die betroffene Körperpartie und wiederholen Sie dies mehrmals täglich.

Kopfschmerzen

Apfelessig wirkt entspannend und schmerzlindernd. Massieren Sie mehrmals täglich unter leichtem Druck Stirn, Nacken und Schläfen mit purem Apfelessig.

Menstruationsbeschwerden

Die Inhaltsstoffe des Apfelessigs wirken blutstillend und schmerzlindernd. Trinken Sie ab dem ersten Menstruationstag bis zu dreimal täglich den Posca-Powerdrink auf nüchternen Magen vor den Mahlzeiten.

Neurodermitis

Apfelessig kräftigt Ihr körpereigenes Abwehrsystem. Trinken Sie dreimal täglich rund 15 Minuten vor den Mahlzeiten den Posca-Powerdrink. Zusätzlich sollten Sie eine Gesichtslotion mit Apfelessig verwenden und in der beschwerdefreien Zeit Ihren Körper regelmäßig mit Apfelessigwasser einreiben.

Ohrenschmerzen

Apfelessig besitzt eine entzündungshemmende und schmerzlindernde Wirkung. Geben Sie Apfelessigwasser in einen Topf, lassen Sie das Ganze kurz aufkochen und halten Sie Ihr betroffenes Ohr unter einem Handtuch in den aufsteigenden Dampf. Zusätzlich sollten Sie morgens auf nüchternen Magen den Posca-Powerdrink zu sich nehmen.

Prellungen

Apfelessig regt die Blutzirkulation an und besitzt eine schmerzlindernde und abschwellende Wirkung. Geben Sie reinen Apfelessig auf einen Wattebausch und reiben Sie mehrmals täglich die betroffenen Körperstellen damit ein.

Rheumatische Erkrankungen

Apfelessig stärkt das körpereigene Abwehrsystem, regt den Stoffwechsel an und zeigt damit eine entschlackende und entgiftende Wirkung. Genießen Sie dreimal täglich vor den Mahlzeiten den Posca-Powerdrink und reiben Sie mehrmals am Tag die betroffenen Körperstellen mit unverdünntem Apfelessig ein.

Schlafstörungen

Die im Apfelessig enthaltenen Mineralstoffe haben eine beruhigende Wirkung auf den Organismus. Trinken Sie dreimal täglich in kleinen Schlucken den Posca-Powerdrink, das letzte Glas möglichst direkt vor dem Zubettgehen.

Übergewicht

Apfelessig enthält alle lebenswichtigen Vitamine und Mineralstoffe und wirkt daher unterstützend bei jeder Form der Diät. Trinken Sie dreimal täglich rund 15 Minuten vor den Mahlzeiten in kleinen bewussten Schlucken den Posca-Powerdrink.

Verstopfung

Die wertvollen Inhaltsstoffe des Apfelessigs regen die Magen- und Darmtätigkeit an, wirken entschlackend und insgesamt positiv auf die Darmflora. Trinken Sie dreimal täglich rund 15 Minuten vor den Mahlzeiten den Posca-Powerdrink.

Wechseljahrsbeschwerden

Die Inhaltsstoffe des Apfelessigs helfen dem Organismus, die Hormonumstellung während der Wechseljahre besser zu verarbeiten. Trinken Sie dreimal täglich den Posca-Powerdrink in kleinen Schlucken, das erste Glas morgens auf nüchternen Magen, das letzte direkt vor dem Einschlafen. Unterstützend bei „fliegender Hitze" und nächtlichen Schweißausbrüchen wirkt eine Einreibung mit Apfelessigwasser vor dem Schlafengehen.

Zahnschmerzen

Die im Apfelessig enthaltenen Säuren beugen einer Neubildung von Bakterienbelägen (Plaque) auf den Zahnoberflächen vor und stabilisieren die Mundflora. Gurgeln Sie dreimal täglich vor dem Zähneputzen mit Apfelessigwasser. Da Apfelessig auch abschwellend und schmerzlindernd wirkt, hilft bei akutem Zahnschmerz das wiederholte Abtupfen der betroffenen Stelle mit unverdünntem Apfelessig.

Sauer macht schön!

Produkte für die Schönheits- und Körperpflege aus Apfelessig herzustellen, spart nicht nur Geld, sondern macht auch viel Spaß. Außerdem können Sie sicher sein, Haut und Haar mit natürlichen Produkten zu pflegen, die darüber hinaus nicht durch Tierversuche getestet worden sind. Da die Mittel, die ich Ihnen hier vorstelle, keinerlei chemische Zusätze enthalten, empfiehlt sich eine Aufbewahrung im Kühlschrank.

Alle in den Rezepten angegebenen Ingredienzien erhalten Sie in gut sortierten Apotheken, Drogerien oder Naturkostläden.

Apfelessig für die Haut

Apfelessig zählt zu den ältesten Hautpflegemitteln der Welt. Er besitzt den gleichen ph-Wert wie die menschliche Haut und ist frei von allergenen Stoffen, wie sie bei einigen kommerziellen Produkten auftreten können.

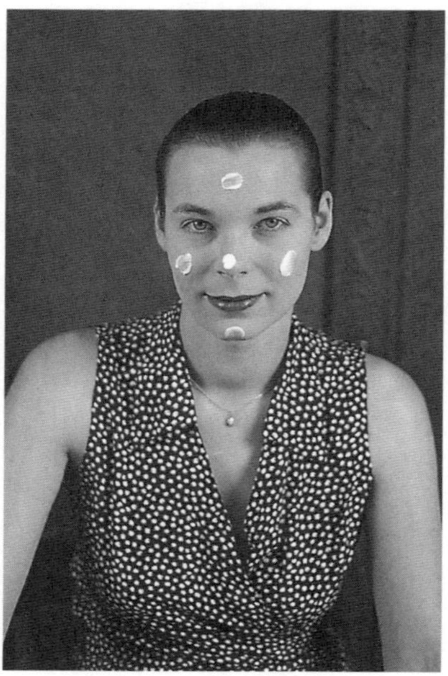

Apfelessig – ein natürliches Schönheitsmittel

Engelwasser für jeden Hauttyp

Die Kräuter in einen feuerfesten Glasballon geben. Den Apfelessig in einem emaillierten Topf sanft erhitzen und über die Kräuter gießen. Den Ballon luftdicht verschließen. zehn Tage lang täglich sanft durchschwenken. Dann abfiltern und das Rosenwasser hinzu fügen. In einer luftdicht schließenden Flasche mit Glasstöpsel aufbewahren. Das Gesicht morgens und abends nach der Reinigung sanft mit dem Engelwasser abtupfen. Die Haut wird gereinigt und erfrischt. Nach einiger Zeit der Anwendung erhält sie ihren natürlichen pH-Wert zurück.

ZUTATEN

1/4 l Apfelessig
5 EL ungespritzte Rosenblüten
4 EL Salbeiblätter
3 EL Himbeerblätter
2 EL Rosmarinblätter
1/4 l Rosenwasser

Gesichtslotion für normale bis trockene Haut

Alle Zutaten in eine dunkle Flasche geben, luftdicht verschließen und drei Tage an einem dunklen, kühlen Ort ziehen lassen. Dann abfiltern und in einer dunklen Flasche aufbewahren. Vor Gebrauch gut schütteln. Morgens und abends nach der Reinigung einige Tropfen davon auf einen Wattebausch geben und mit leicht kreisenden Bewegungen Gesicht, Hals und Dekolleté abreiben.

ZUTATEN

3 EL Hamameliswasser
2 EL Apfelessig
2 EL getrocknete Lindenblüten
2 EL getrocknete Malvenblüten
1 EL getrocknete Lavendelblüten

Gesichtslotion für fettige Haut

Alle Zutaten in eine dunkle, luftdicht verschließbare Flasche geben und miteinander vermengen. Vor Gebrauch gut schütteln. Morgens und abends nach der Reinigung einige Tropfen der Lotion auf einen Wattebausch geben und mit leicht kreisenden Bewegungen Gesicht, Hals und Dekolleté abreiben.

ZUTATEN

100 ml Apfelessig
100 ml kohlensäurefreies Mineralwasser
5 Tropfen Kampferöl

Gesichtslotion für unreine Haut

Mineralwasser und Apfelessig miteinander vermischen und über die getrockneten Lavendelblüten gießen. In ein luftdicht schließendes Gefäß geben und zwei Wochen an einem dunklen, kühlen Ort ziehen lassen. Abfiltern und die restlichen Zutaten hinzu fügen. In einer dunklen Flasche aufbewahren. Vor Gebrauch kräftig schütteln. Morgens und abends nach der Reinigung einige Tropfen der Lotion auf einen Wattebausch geben und mit leicht kreisenden Bewegungen Gesicht, Hals und Dekolleté abtupfen.

ZUTATEN

100 ml kohlensäurefreies Mineralwasser
60 ml Apfelessig
40 ml Hamameliswasser
2 TL getrocknete Lavendelblüten
30 Tropfen Teebaumöl

Après Soleil Lotion

Alle Zutaten in eine luftdicht verschließbare Flasche geben und kräftig durchschütteln. Vor jedem Gebrauch noch einmal aufschütteln. Mehrmals täglich die betroffenen Hautpartien mit einem in der Lotion getränkten Wattebausch betupfen.

ZUTATEN

150 ml Hamameliswasser
60 ml Apfelessig
30 Tropfen Teebaumöl
12 Tropfen Melissenöl
9 Tropfen Pfefferminzöl
9 Tropfen Kampferöl

Gesichtscreme für jeden Hauttyp

Das Mandelöl mit dem Holan und dem Vitamin E verrühren. Einen Esslöffel dieser Mischung mit dem Gelbildner vermengen, bis eine cremige Masse entstanden ist. Das Mineralwasser und den Apfelessig miteinander vermengen und vorsichtig unter die Masse träufeln. Dann den Rest hinzu fügen und in ein Töpfchen füllen. Morgens und abends nach der Reinigung sanft auf Gesicht, Hals und Dekolleté verteilen. Die Creme ist rund sechs Monate haltbar.

Die restliche Mandelölmischung ergibt, unter das *Engelwasser* gerührt, eine wunderbare Body Lotion für jeden Hauttyp.

ZUTATEN

30 ml süßes Mandelöl
35 Tropfen Holan
5 Tropfen Vitamin E
1/2 TL Gelbildner P
20 ml kohlensäurefreies Mineralwasser
1 TL Apfelessig
20 Tropfen D-Panthenol
10 Tropfen Aloe Vera
6 Tropfen Paraben K

Schönes Haar mit Apfelessig

Schon der griechische Arzt Hippokrates empfahl Apfelessig zur Haarpflege und als Heilmittel bei Haarausfall. Seine natürlichen Fruchtsäuren geben jedem Haartyp Glanz und Vitalität.

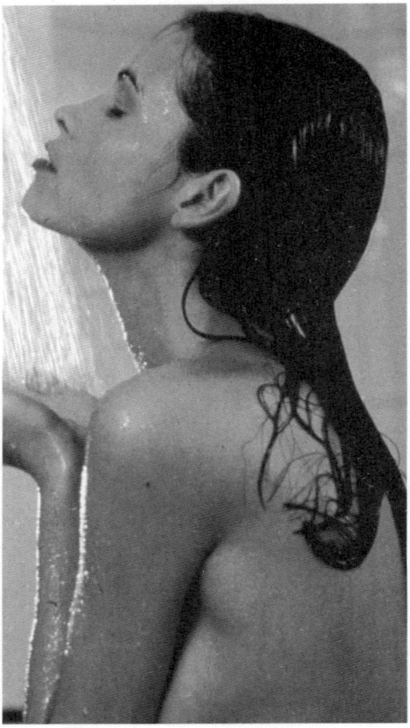

Apfelessig tut dem Haar spürbar gut

Haarspülung für jeden Haartyp

Alle Zutaten in eine dunkle Glasflasche geben, luftdicht verschließen und an einem dunklen, kühlen Ort vier Tage ziehen lassen. Dann abfiltern und in einer Flasche aufbewahren. Nach der Haarwäsche etwa zwei Esslöffel der Mixtur im handtuchtrockenen Haar verteilen und gut einmassieren. Nicht ausspülen! Wie gewohnt frisieren.

ZUTATEN

1/4 l Apfelessig
2 EL getrocknete Petersilie
2 EL getrocknete Rosmarinblätter

Haarspülung für fettiges Haar

Alle Zutaten in einem Topf miteinander vermischen und kurz erhitzen. Nicht kochen lassen! Dann abfiltern und in eine dunkle, fest schließende Flasche füllen. Vor Gebrauch kräftig schütteln. Nach der Haarwäsche wenige Tropfen der Spülung ins handtuchtrockene Haar einmassieren. Nicht ausspülen! Wie gewohnt frisieren.

ZUTATEN

1/4 l Apfelessig
2 El getrockneten Thymian
2 TL getrocknete Rosmarinblätter
1 TL getrocknete Salbeiblätter
1 TL getrocknetes Zinnkraut

Haarwasser gegen Schuppen

Alle Zutaten miteinander vermischen und in einer luftdicht verschlossenen dunklen Flasche an einem kühlen Ort drei Tage ziehen lassen. Dann abfiltern und in einer Flasche aufbewahren. Vor Gebrauch gut schütteln. Nach der Haarwäsche einige Tropfen der Mischung in die Kopfhaut einmassieren. Bei starker Schuppenbildung kann das Haarwasser täglich angewandt werden.

ZUTATEN

100 ml Alkohol 50-Vol.%
3 EL Apfelessig
3 EL getrocknete Brennnesseln

Gesunde Küche: Apfelessig mischt mit!

Jeder weiß, wie köstlich Geflügel mit Preiselbeeren schmeckt, oder Apfelsauce zu geröstetem Schwein, oder auch nur eine einfache Scheibe Zitrone zu Fisch ... Wir genießen normalerweise diese Kompositionen, weil sie natürliche Säuren enthalten, die dabei helfen, Fette und Proteine zu spalten, die Fleisch zarter machen und die Speichelproduktion ebenso wie die Magen- und Darmtätigkeit anregen.

Die Verwendungsmöglichkeiten von Apfelessig in der Küche gleichen einer unendlichen Geschichte. Überall in der Welt findet er als gesunde Zutat Verwendung. Um Ihnen die Vielfältigkeit von Apfelessig zu zeigen, verrate ich Ihnen hier meine Lieblingsrezepte mit dieser köstlichen Essenz. Dabei spannt sich der Bogen von einem appetitanregenden Cocktail bis hin zu einem leckeren Dessert und süßen Nascheinheiten. Viel Spaß dabei!

Brokkolisalat ist nur eine der vielen Köstlichkeiten, bei denen Apfelessig eine Rolle spielt

Rosaroter Appetizer

Zwiebel reiben; mit den gehackten Basilikumblättern, frisch gemahlenenem Pfeffer und den anderen Zutaten in den Mixer geben. Gut durchquirlen. Dann mindestens eine Stunde lang kalt stellen, damit die Aromen sich voll entfalten können. Anschließend in geeiste Cocktailgläser abseihen und mit den Zitronenschnitzen dekorieren.

ZUTATEN

(für 6 Personen)
1 l frischer Tomatensaft
1 1/2 EL Apfelessig
1 Zwiebel
2 EL Honig
1 TL Knoblauchsalz
2 EL frische Basilikumblätter
Schwarzer Pfeffer
6 Schnitze einer ungespritzten Zitrone

Brokkolisalat

Den Brokkoli waschen, gut abtropfen lassen und in Röschen zerteilen. Im Dämpftopf zugedeckt knapp sieben Minuten über kochendem Wasser garen. Gewürfelte Zwiebel, Mandelsplitter und Rosinen hinzu fügen. In einer Extraschüssel Apfelessig, Zucker und Mayonnaise anrühren. Dann vorsichtig unter die Brokkolimischung heben. Rund drei Stunden kalt stellen und mit frischem Brot servieren.

ZUTATEN

(für 4 Personen)
2 Bd. Brokkoli
1 rote Zwiebel
2 EL Apfelessig
2 EL brauner Zucker
100 g Mayonnaise
100 g Mandelsplitter
100 g Rosinen

Ägyptischer Auberginenteller

Die Auberginen waschen und längs in etwa 5 mm dicke Stücke teilen. Dann die größeren Stücke halbieren. In eine flache Schüssel geben und salzen. So viel Wasser hinzu fügen, bis die Stücke ganz bedeckt sind. Mit Folie abdeckt über Nacht in den Kühlschrank stellen. Anschließend das Wasser abgießen und die Gemüsestücke trockentupfen. Das Öl bei mittlerer Hitze zum Sieden bringen und die Auberginenstücke so lange garen, bis sie weich, aber nicht matschig sind. Apfelessig, gehackten Knoblauch und frisch gemahlenen Pfeffer hinzu fügen und einige Minuten weiter garen. Aus der Pfanne nehmen, abkühlen lassen und auf den Kräckern auf einem Teller anrichten.

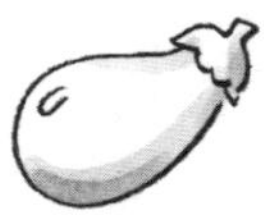

ZUTATEN

(für 4–6 Personen)
1 mittelgroße Aubergine
2 TL Salz
70 ml kaltgepresstes Olivenöl
2 EL Apfelessig
2 große Knoblauchzehen
Schwarzer Pfeffer
1 Paket Vollwertkräcker

Goldsüppchen

Die Pfirsiche häuten und in kleine Stücke schneiden. Honig und Orangensaft glatt rühren und hinzu fügen. Mit Tabasco und frisch gemahlenem weißem Pfeffer abschmecken und alles für etwa eine Stunde zugedeckt in den Kühlschrank stellen. Dann den Apfelessig und die gehackte Minze unterrühren. Auf vier Suppenschälchen verteilen und mit Minzeblättern und geriebener Orangenschale garnieren.

ZUTATEN

(für 4–6 Personen)
100 ml frischer Orangensaft
2 TL Honig
2 Spritzer Tabascosauce
Weißer Pfeffer
1 EL Apfelessig
1 EL frische Minze
1 ungespritzte Orangenschale
Minzeblätter

Hühnchen mit Senf und Ahornsirup

ZUTATEN

(für 4 Personen)
3 TL kaltgepresstes Olivenöl
2 Knoblauchzehen
2 TL getrockneter Rosmarin
2 EL frischer Schnittlauch
2 EL Apfelessig
70 ml Ahornsirup
50 g Whiskysenf
2 kg Hähnchenbrustfilet
Salz
Schwarzer Pfeffer
Frischer Rosmarin

Das Olivenöl in einer beschichteten Pfanne bei mittlerer Hitze erhitzen. Gehackten Knoblauch hinzu geben und 30 Sekunden anbraten. Die Kräuter und den Apfelessig hinzu fügen und weitere 30 Sekunden garen. Alles in eine Schüssel geben und abkühlen lassen. Anschließend den Ahornsirup und den Senf einrühren. Die Hähnchenbrustfilets in eine Glasschale geben, die Marinade darüber gießen und mit einem Pinsel verstreichen. Mindestens eine Stunde, besser über Nacht, abgedeckt ziehen lassen. Das restliche Olivenöl in einer beschichteten Pfanne bei mittelhoher Hitze zum Sieden bringen. Die Filets aus der Marinade nehmen, nach Belieben mit Salz und Pfeffer würzen und in die Pfanne geben. Auf jeder Seite rund zwei Minuten anbraten. Dann die Hitze reduzieren und weiter garen, bis die Filets rundum goldbraun sind. Mit frischem Rosmarin bestreuen und servieren.

Leckere Mayonnaise

Eigelbe, Apfelessig, Kräutersalz und Pfeffer in eine Schüssel geben und verquirlen, bis sich die Zutaten zu einer geschmeidigen Masse verbunden haben. Dann das Öl unter ständigem Rühren tröpfchenweise hinzu fügen. Weiterrühren, bis die Masse wirklich cremig ist, abschmecken und gegebenenfalls nachwürzen. In ein kleines Keramik- oder Glasgefäß umfüllen und im Kühlschrank aufbewahren. Die Mayonnaise ist gekühlt etwa eine Woche lang haltbar.

Diese Mayonnaise lässt sich gut mit acht geschälten und pürierten Knoblauchzehen oder vier Esslöffeln frischen gehackten Kräutern verfeinern.

ZUTATEN

(für etwa 250 g)
2 Eigelbe
4 EL Apfelessig
1 TL pikanter Apfelsenf
1 EL Kräutersalz
Schwarzer Pfeffer
200 ml kaltgepresstes Olivenöl

Französische Schmorpfanne

Die Champignons putzen und kurz unter fließendes Wasser halten. In Scheiben schneiden. Die Ziebeln putzen und mit dem Grün in feine Ringe schneiden. Sherry und Öl vermischen und bei mittlerer Hitze in einer großen Pfanne zum Sieden bringen. Die Zwiebeln hineingeben und etwa drei Minuten anbraten. Die Pilze (auch Shiitakepilze schmecken hervorragend) hinzu fügen und unter ständigem Wenden schmoren lassen. Apfelessig, Orangensaft und die geriebene Orangenschale unterrühren. Mit Salz und frisch gemahlenem Pfeffer abschmecken und mit Brot oder Kroketten servieren.

ZUTATEN

(für 4 Personen)
1 kg frische Champignons
3–5 Bund Frühlingszwiebeln
150 ml Dry Sherry
3 EL kaltgepresstes Olivenöl
3 EL Apfelessig
1 TL frischer Orangensaft
1 ungespritze Orangenschale
Salz
Schwarzer Pfeffer

Jordanische Rosentrüffel

Die Crème double in einem Stieltopf auf 70°C (Thermometer!) erwärmen und die geraspelte Schokolade darin auflösen. Die geraspelte Schokoladenmischung darf keinesfalls heißer werden als 50°C. Den Topf vom Herd nehmen, den Rosenessig hinzu fügen und die Butter sorgfältig unterrühren. Die Masse für eine Stunde in den Kühlschrank stellen. Aus der Masse kleine Trüffel formen und diese einzeln in die inzwischen geschmolzene Kuvertüre tauchen. Abschließend in den gehackten Pistazien wälzen und auf Backpapier trocknen lassen. Kühl lagern und rasch verbrauchen.

ZUTATEN

(für etwa 550 g)
5 El Crème double
250 g Vollmilchschokolade
5 EL Rosenessig
5 EL Butter
150 g Kuvertüre zum Überziehen
50 g Pistazien

Vinegar Pie

Den Ofen auf 175° C vorheizen. Butter und Zucker schaumig rühren. Apfelessig, Eier und Vanillemark hinzu fügen. Gut verrühren und auf den Teigboden geben. Bei 175° C rund 60 Minuten lang backen, bis die Pie rundum goldbraun ist.

ZUTATEN

(für 6–8 Personen)
1 Pie- oder Mürbeteigboden
250 g Butter
250 g Zucker
2 1/2 EL Apfelessig
6 Eier
2 TL Vanillemark

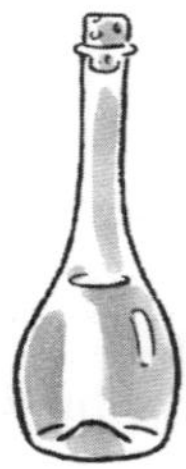

Ein umweltfreundlicher Haushaltshelfer

Apfelessig ist nicht nur ein bewährtes Heilmittel und eine leckere Würze in der feinen Küche, sondern stellt darüber hinaus ein unentbehrliches Hilfsmittel im Haushalt dar. Er wird auch von Allergikern gut vertragen. Die Putzmittelindustrie hat das erkannt und bietet inzwischen eine bunte Palette von essighaltigen Haushaltsreinigern an. Diese sind jedoch in der Regel synthetischer Herkunft. Außerdem macht es viel mehr Spaß, sich seine Putzmittel selbst herzustellen. Das schont nicht nur die Umwelt, sondern auch den Geldbeutel. Das breite Anwendungsspektrum von Apfelessig im Haushalt würde ein eigenes Buch füllen, so dass hier an dieser Stelle nur auf die beiden großen klassischen Problemgebiete eingegangen wird. Setzen Sie Apfelessig einfach als Universalmittel anstatt Ihrer gewohnten Reinigungsmittel ein – Sie werden überrascht sein, welche glänzenden Ergebnisse Sie erzielen! Wieder gilt: Apfelessigwasser ist die Mischung im Verhältnis 1 zu 1.

Kalkflecken und *Kalkablagerungen* in Bad und Küche lassen sich hervorragend mit Apfelessigwasser entfernen. Verkalkte Duschköpfe werden wieder wie neu, wenn Sie sie 30 Minuten in Apfelessigwasser kochen. Auch verkalkte Dampfbügeleisen und Kaffeemaschinen werden wieder klar, wenn Sie sie einmal damit durchspülen. Und sogar Ihre Waschmaschine erhält mit Apfelessigwasser neuen Schwung: Geben Sie einfach sechs Liter der Mixtur in die Trommel und stellen Sie den Waschgang auf 95°C, jedoch ohne Wäsche. Anschließend können Sie wieder wie gewohnt waschen.

Flecken jeder Art, auch älteren Datums, lassen sich leicht und stoffschonend mit Apfelessigwasser entfernen. Reiben Sie die betroffenen Stellen mit der Mixtur fest ab. Hartnäckige Flecken über Nacht darin einweichen lassen, dann wie gewohnt waschen.

Literatur

H. van Braak/S. von Küster, *Apfelessig-Wohlfühl-Kur.* FALKEN Verlag, Niedernhausen 1998

W. U. Eckart, *Geschichte der Medizin.* Springer-Verlag, Berlin u. a., 2. Auflage 1994

S. Edelberg, *Säfte, Weine und Liköre selbst gemacht.* FALKEN Verlag, Niedernhausen 1999

R. W. Fink-Henseler, *Naturrezepte aus der Hausapotheke.* Gondrom Verlag, Bindlach 1996

A. Fischerauer, *Essig selbst gemacht.* Leopold Stocker Verlag, Graz, 2. Auflage 1997

W. Gaigg, *Ansatzschnäpse, Liköre und Kräuterweine*, Leopold Stocker Verlag, Graz, 3. Auflage 1996

P. Grunert, *Apfelessig*, Econ Verlag, Düsseldorf, 5. Auflage 1998

R. Knoller, *Apfelessig, Kräuteressig & Co.* FALKEN Verlag, Niedernhausen 1998

E. L. Mindell, L. M. Johns, *Amazing Apple Cider Vinegar.* Keats Publishing, New Canaan, Connecticut 1996

K. Stückler, *Der Most*, Leopold Stocker Verlag, Graz, 3. Auflage 1995

J. Vötsch, *Obstsäfte, Süß- und Gärmost, Ribisel-(Johannisbeer-)Wein, Mostessig, Bauernschnaps*, Leopold Stocker Verlag, Graz 1989

Adressen

Gerätschaften und Zubehör für die Most- und Essigherstellung

Paul Arauner GmbH & Co. KG
Postfach 349
D-97306 Kitzingen
Fon 09321-135 00
Fax 09321-13 50 41

Art of Beauty
Trauseneggerdamm 20
A-4600 Wels
Fon 07242-572 26

Brennereifachbedarf BRELU
Luchner Herwig
Pirchanger 75
A-6130 Schwaz
Fon 05242-632 42
Fax 05242-661 16

Bunge
Biologische Erzeugnisse
Postfach 12 32
D-25402 Pinneberg
Fon (n.g.)
Fax 04101-220 09

Doktorenhof
Weinessiggut
Georg Wiedemann
Raiffeisenstr. 5
D-67483 Venningen
Fon 06323-55 05

Roswitha Knopf
Kellereibedarf
Gurkgasse 16
A-1140 Wien
Fon 0222-982 62 40

Vierka
Friedrich Sauer GmbH & Co.
Postfach 1328
D-97628 Bad Königshofen
Fon 09761-91 88-0
Fax 09761-91 88 44

Register

Eine Auswahl aus dem Verlagsprogramm

RAT UND WISSEN

Bewerbung

Bewerbungsstrategien
1027-3, von Dr. W. Reichel, 128 S., kart.
DM 14,90

Initiativbewerbungen
2107-0, von Dr. W. Reichel, 128 S., kart.
DM 16,90

Legale Bewerbungstricks
60325-2, von V. S. Rottmann, 96 S., kart.
DM 12,90

Lebenslauf und Bewerbung
60007-5, von H. Friedrich, 112 S., kart.
DM 12,90

Bewerbung um einen Ausbildungsplatz
1936-X, von P.-J. Schneider, M. Zindel, 112 S., kart.
DM 16,90

Bewerbungserfolg trotz schwacher Zeugnisse
60157-8, von A. Schieberle, 136 S., kart.
DM 14,90

Testtrainer Einstellungstests
4999-4, von Dr. W. Reichel, 136 S., geb.
DM 15,–
(limitierter Sonderpreis)

Vorstellungsgespräche
60012-1, von H. Friedrich, 144 S., kart.
DM 11,90

Arbeitszeugnisse
1444-9, von A. Nasemann, 136 S., kart.
DM 16,90

Rechtsratgeber für Arbeitnehmer
60258-2, von U. Teschke-Bährle, 160 S., kart.
DM 16,90

Beruf/Karriere

Selbstständigkeit und freie Mitarbeit
1891-6, von T. Hammer, Dr. W. Kiefl, 144 S., kart.
DM 19,90

Erfolgreiche Existenzgründung
60285-X, von N. Rentrop, 192 S., kart.
DM 19,90

FALKEN Reihe: FALKEN & PITMAN MANAGEMENT
Ausstattung: zwischen 184 S. und 248 S., Broschur
Preis: **DM 39,90**
4972-2 Die ersten 100 Tage als Chef
4973-0 Erfolgreiches Zeitmanagement
4976-5 Richtig delegieren
4971-4 Erfolgreiche Verhandlungstaktiken
4975-7 Die perfekte Präsentation

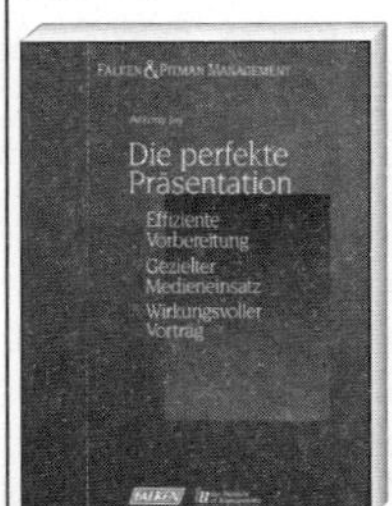

4974-9 Meetings erfolgreich steuern
7331-3 Marketing – eine Einführung
7329-1 Erfolgreich im Management
7330-5 Basiswissen für Führungskräfte
7328-3 Mitarbeitermotivation durch Empowerment
7362-3 Das souveräne Verhandlungsgespräch
7361-5 Erfolgsgeheimnis Teambildung

Lernhilfen/Schule

Erfolgreich im Beruf mit NLP
60288-4, von K. Grochowiak, S. Haag, 104 S., kart.
DM 12,90

Handbuch Mathematik
4964-1, von W. Scholl, R. Drews, 848 S., geb.
DM 69,90

Englische Grammatik
7341-0, von E. Henrichs-Kleinen, 288 S., geb.
DM 39,90

Gedächtnistraining mit Eselsbrücken
60060-1, von W. Ettig, 96 S., kart.
DM 12,90

Buchführung leicht gefaßt
60091-1, von H. R. Pohl, 104 S., kart.
DM 12,90

Schreiben lernen mit Schreibmaschine und PC
60055-5, von O. Fonfara, 112 S., kart.
DM 9,90

Kostenrechnung leicht gemacht
4826-2, von D. Machenheimer, 240 S., geb.
DM 39,90

FALKEN Reihe: Schülerhilfe
Ausstattung: zwischen 64 S. und 172 S., kartoniert
Preis: zwischen **DM 14,90** und **DM 29,90**
1834-7 Die neue deutsche Rechtschreibung
1890-9 Deutsche Grammatik
1783-9 Aufsatz
1623-9 Bruchrechnen
1569-0 Geometrie

1709-X Prozent- und Zinsrechnung
1570-4 Gleichungen und Ungleichungen

1888-6 Wurzeln und Potenzen
1624-7 English Pronouns
1574-7 English Tenses
1784-7 If-Clauses & Co.

Recht/Wirtschaft/ Steuern

Was kostet mein Recht?
60234-5, von J. Mosler, 104 S., kart.
DM 12,90

Recht für Mieter
1932-7, von M. Gaida, 304 S., kart.
DM 29,90

Der FALKEN Bauherren-Ratgeber
4888-2, von W. Jung, B. W. Klöckner, 352 S., kart.
DM 39,90

Ihr Recht als Vermieter
60243-4, von R. Richter, P. J. Schneider, A. Pollert, 208 S., kart.
DM 16,90

Eheverträge
60037-7, von T. Münster, 226 S., kart.
DM 19,90

Erziehungsgeld, Mutterschutz, Erziehungsurlaub
60014-8, von J. Grönert, 192 S., kart.
DM 19,90

Scheidung und Unterhalt
60015-6, von T. Drewes, 220 S., kart.
DM 19,90

Gesetzliche und private Altersvorsorge
1847-9, von D. Rehahn, H. A. Reichel, W. Schöttler, 192 S., kart.
DM 24,90

Wie hoch wird meine Rente?
60209-9, von K. Möcks, A. Schmitt, 160 S., kart.
DM 16,90

Erbschaftsteuer aktuell
60324-4, von W. Ludwig, 128 S., kart.
DM 14,90

Testament und Erbschaft
2111-9, von T. Drewes, R. Hollender, 296 S., englische Broschur
DM 29,90

Vermögensbildung mit Immobilien
1712-X, von W. Schwanfelder, 144 S., kart.
DM 24,90

Erfolg mit Aktien
1663-8, von A.-S. Rühle, 128 S., kart.
DM 16,90

Keine Angst vor dem Finanzamt
60064-4, von H. Vogt, 132 S., kart.
DM 16,90

Korrespondenz und Rhetorik

Der neue Briefsteller
60002-6, von I. Wolter-Rosendorf, 130 S., kart.
DM 12,90

Briefe und Reden für den Trauerfall
1789-8, von U. Wetter, 112 S., kart.
DM 16,90

Modernes Redetraining
1575-5, von Prof. Dr. R. Brehler, 120 S., kart.
DM 19,90

Körpersprache
60096-2, von H. Rückle, 96 S., kart.
DM 12,90

Reden für Familienfeiern
60281-7, von G. Kurz, 112 S., kart.
DM 12,90

Lebensstil und Umgangsformen

Kreative Wohnideen
4889-0, von T. Eichhorn, 128 S., geb.
DM 39,90

Farbberatung für die Wohnung
4743-6, von G. Watermann, 128 S., geb.
DM 49,90

300 neue Frisuren
7359-3, von S. Ehlers, 128 S., geb.
DM 29,90

Krawatten
7319-4, von F. Chaille, 180 S., geb., mit Schutzumschlag
DM 89,90

Tücher und Schals perfekt binden
1898-3, von E. Weber-Lorkowski, 48 S., kart.
DM 14,90

Umgangsformen heute
4876-9, von H.-G. Schnitzer, 256 S., geb.
DM 29,90

Der gute Ton im Privatleben
60097-0, von R. Bartels, 104 S., kart.
DM 12,90

Feste feiern

Das große FALKEN-Buch zur Märchenhochzeit
7360-7, von A. Körner, C. Ziegler, ca. 224 S., geb.
ersch. Juni 1998
ca. DM 49,90

Hochzeitsfeste mitgestalten
1790-1, von A. Wilke, B. Haß 104 S., kart.
DM 19,90

Tischdekorationen für die Hochzeit
1825-8, von H. Grob, A. Henseler u.a., 64 S., kart.
DM 19,90

Blumenschmuck für das Brautpaar
4881-5, von H. Grob, A. Henseler u.a., 80 S., geb.
DM 29,90

Neue Hochzeitsreden
60158-6, von S. Harland 112 S., kart.
DM 12,90

Feste feiern
4825-4, von C. Kast, 128 S., geb.
DM 39,90

Die neue Glückwunschfibel
60031-8, von R. Christian-Hildebrandt, 106 S., kart.
DM 9,90

Astrologie/Esoterik

Kinderhoroskop
60242-6, von W. Noé, 152 S., kart.
DM 14,90

RAT UND WISSEN · ESSEN UND TRINKEN

Liebes-Horoskop
60297-3, von W. Noé, 128 S., kart.
DM 12,90

Chinesisches Horoskop
60006-7, von G. Haddenbach, 86 S., kart.
DM 9,90

Das Indianische Horoskop
60294-9, von W. Noé, 128 S., kart.
DM 14,90

Wahrsagetechniken
60373-2, von G. Haddenbach, 144 S., kart.
DM 14,90

I Ging
60253-1, von R. Sorrell, A. M. Sorrell, 224 S., kart.
DM 19,90

Reiki
60247-7, von B. Glaser, U. Vogt, 128 S., kart.
DM 14,90

Traumdeutung
60045-8, von G. Haddenbach, 172 S., kart.
DM 12,90

UFOs über Deutschland
60319-8, von M. Hesemann 208 S., kart.
DM 19,90

Geheimlehren
60236-1, von N. Drury, G. Tillet, 144 S., kart.
DM 16,90

Schutzengel
60333-3, von T. Keller, D. Taylor, 144 S., kart.
DM 16,90

Auto/Führerschein

Der neue Verwarn- und Bußgeldkatalog
60292-2, von F. Littek, 126 S., kart.
DM 12,90

Der Test-Knacker bei Führerscheinverlust
2113-5, von T. Rieh, 128 S., kart.
DM 19,90

Prüfungsfragen und Prüfungsbogen für den Führerschein Kl. 3
1490-2, 104 S., kart.
DM 19,90

Trennkost

Trennkost für 1 Person
4851-3, von U. Summ, 112 S., geb.
DM 29,90

Trennkost leichtgemacht für Berufstätige
4890-4, von U. Summ, 128 S., geb.
DM 29,90

Das große Buch der Trennkost
4498-4, von U. Summ, 128 S., geb.
DM 29,90

Das Beste aus Ursula Summs Trennkost-Küche
4985-4, von U. Summ, 160 S., geb.
DM 29,90

Trennkost aus ärztlicher Sicht
60259-0, von Dr. med. T.-M. Heintze, 84 S., kart.
DM 12,90

Erfolgreich schlank durch die Trennkost-6-Wochen-Kur
1968-8, von U. Summ, 104 S., kart.
DM 19,90

Die aktuelle Trennkost-Tabelle
1871-1, von U. Summ, 80 S., Flexcover
DM 14,90

Länderküche

Provence
7365-8, von U. Skadow, S. Dickhaut, 224 S., geb., mit Schutzumschlag
DM 49,90

Italienische Küche
4830-0, von M. Kaltenbach, R. Simeone, 224 S., geb., mit Schutzumschlag
DM 49,90

Chinesische Küche
7304-6, von H. Fu-Lung, 224 S., geb., mit Schutzumschlag
DM 49,90

Thailand
4945-5, von B. Aepli, 128 S., geb., mit Schutzumschlag
DM 34,90

Indien
7370-4, von S. Dhawan, 128 S., geb., mit Schutzumschlag
DM 39,90

Englische Landhausküche
4981-1, von D. Watkins, J. J. Watkins, 128 S., geb., mit Schutzumschlag
DM 39,90

Amerikanische Küche
7308-9, von C. Stevenson Jr., P. Niebergall, 128 S., geb., mit Schutzumschlag
DM 39,90

Kochen

Unsere Kochschule
4959-5, von M. Kaltenbach, F. W. Ehlert, 306 S., geb.
DM 25,–
(limitierter Sonderpreis)

FALKEN Reihe: Rezepte! Rezepte!! Rezepte!!!
Ausstattung: 96 S., kart.
Preis: **DM 16,90**
1937-8 Krabben, Garnelen & Co.
1994-7 Chili, Peperoni & Co.
1944-0 Pastinaken, Kürbis & Co.

1941-6 Pizza, Quiche und Tarte
1939-4 Feta, Mozzarella & Co.
1940-8 American Cookies

FALKEN Reihe: ErlebnisKüche
Ausstattung: 128 S., geb., mit Schutzumschlag
Preis: **DM 34,90**
4944-7 Nudeln
4946-3 Raclette und heißer Stein
7315-1 Fondues
4984-6 Aufläufe und Gratins
4982-X Salate

Stand der Preise 01.03.1998 · Änderungen vorbehalten / *unverbindliche Preisempfehlung

ESSEN UND TRINKEN · MENSCH UND GESUNDHEIT

Johann Lafer kocht – Neue Rezepte
7306-2, von Johann Lafer,
160 S., geb.
DM 39,90

Iß und trink und liebe
7303-8, von K. Ottenbach,
72 S., geb.,
mit Schutzumschlag
DM 49,90

Preiswert kochen
60025-3, von E. Fuhrmann,
136 S., kart.
DM 12,90

Vegetarische Gerichte aus aller Welt
4977-3, von A. Ilies,
224 S., geb.,
mit Schutzumschlag
DM 49,90

Rezepte mit Joghurt, Kefir & Co.
60068-7, von G. Volz,
104 S., kart.
DM 12,90

Vollwertküche für Genießer
4815-7, von Prof. Dr.
C. Leitzmann, H. Million,
256 S., geb.
DM 39,90

Das essen Kinder gern
4978-1, von A. Brenner,
128 S., geb.
DM 29,90

Gerichte für Diabetiker
60033-4, von M. Oehlrich,
108 S., kart.
DM 12,90

Cholesterinarm kochen und genießen
4442-9, von R. Unsorg,
168 S., geb.
DM 49,90

Fettarm kochen – Abnehmen mit Genuß
4866-1, von G. Hölz,
H. Million, 128 S., geb.
DM 39,90

Getränke

FALKEN Mixbuch
4733-9, Hrsg.: P. Bohrmann,
560 S., geb.
DM 39,90

Weinlexikon
4942-0, von Dr. H. Ambrosi,
384 S., geb.
DM 39,90

Meine Lieblingsweine
7364-X, von M. Broadbent,
224 S., geb.,
mit Schutzumschlag
DM 89,-

Wein richtig genießen lernen
4809-2, von H. Ambrosi,
I. Swoboda, 128 S., geb.
DM 29,90

Mein Hobby Wein
7309-7, von R. Kriesi,
128 S., geb.
DM 34,90

Was Weinfreunde wissen wollen
7342-9, von Prof. Dr.
K. Röder u.a., 192 S., geb.
DM 29,90

ElternRatgeber

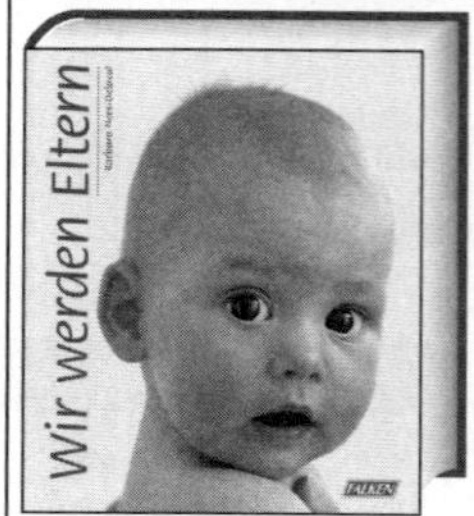

Wir werden Eltern
7353-4, von B. Nees-Delaval,
416 S., geb.
DM 39,90

Die schönsten Vornamen
4755-X, von Dr. D. Voorgang, 200 S., geb.
DM 19,90

Die Kunst des Stillens
60084-9, von Prof. Dr. med.
E. Schmidt, S. Brunn,
110 S., kart.
DM 12,90

Das erste Jahr mit dem Baby
4884-X, von Dr. med.
M. Weber, 144 S., geb.
DM 39,90

Wenn Kinder krank werden
7316-X, von B. Nees-Delaval,
240 S., geb.
DM 39,90

Mein Kind ist krank, so hilft die Natur
4761-4, von Dr. med.
H. Wachtl, 160 S., geb.
DM 39,90

Menschen und Gesundheit

Heilpflanzen
4954-4, von A. Eckart,
Dr. G. Eckert, 176 S., geb.
DM 39,90

Blütentherapie nach Dr. Bach
60019-9, von I. Wenzel,
96 S., kart.
DM 9,90

Traditionelle Chinesische Medizin
60312-0, von Dr. med.
C. Kunkel, 118 S., kart.
DM 14,90

Chinesische Fünf-Elemente Ernährung
68005-2, von Dr. med.
C. Kunkel, 144 S., kart.
DM 29,90

Allergien
60057-1, von G. Leibold,
100 S., kart.
DM 12,90

Neurodermitis
1649-2, von Prof. Dr. med.
phil. S. Borelli, Prof. Dr.
med. J. Rakoski, 136 S., kart.
DM 24,90

Schuppenflechte
1467-8, von Prof. Dr. med.
phil. S. Borelli, Prof. Dr.
med. R. Engst, 102 S., kart.
DM 19,90

Teebaumöl
1878-9, von S. Poth,
Prof. Dr. J. Reichling,
96 S., kart.
DM 19,90

Natürlich entgiften mit der Öl-Zieh-Kur
60391-0, von I. Hammelmann, 88 S., kart.
DM 10,90

Die sagenhafte Heilkraft der Papaya
60396-1, von H. Tietze,
80 S., kart.
DM 12,90

ISBN-Bestandteil: 3-8068- / bei Buchnummern, die mit der Ziffer 6 beginnen, lautet der ISBN-Bestandteil: 3-635-

Heilen und Vorbeugen mit Wein
60311-2, von Dr. med. F.-A. Graf von Ingelheim, I. Swoboda, 96 S., kart.
DM 14,90

Grapefruitkern-Extrakt für Gesundheit und Kosmetik
60379-1, von R. Knoller, 80 S., kart.
DM 12,90

Rheuma
60040-7, von Prof. Dr. med. K. Gräfenstein, 108 S., kart.
DM 14,90

Gymnastik für die Halswirbelsäule
1610-7, von J. Engelmann, 96 S., kart.
DM 19,90

Streß bewältigen durch Entspannung
60070-9, von Dr. med. Ch. Schenk, 122 S., kart.
DM 14,90

Positives Denken und Entspannungstechniken
60305-8, von Dr. med. C. Schenk, 112 S., kart.
DM 12,90

Augentraining
1616-6, von M. Gollub, Hrsg.: K. Haak, 96 S., kart.
DM 24,90

Massage
60038-5, von K. Schutt, 78 S., kart.
DM 12,90

Akupressur
1231-4, von F. T. Lie, 192 S., kart.
DM 29,90

Fußsohlenmassage
60036-9, von G. Leibold, 96 S., kart.
DM 11,90

Yoga
60093-8, von U. Thomsen, 104 S., kart.
DM 12,90

Sport

FALKEN Lexikon für Pferdefreunde
7352-6, von G. Wöckener, 320 S., geb., mit Schutzumschlag
ersch. Mai 1998
DM 69,90

FALKEN Reihe: Ratgeber für Reiter
Ausstattung: zwischen 128 S. und 176 S., geb. oder kart.
Preis: zwischen **DM 29,90** und **DM 39,90**
4797-5 Ich will reiten lernen
4845-9 Junge Pferde selbst ausbilden
4871-8 Reiten für Einsteiger
4716-9 Reiten auf Gangpferden
4949-8 Wie verstehe ich mein Pferd?

Golf. Die frühen Jahre
7339-9, von D. Concannon, 144 S., geb., mit Schutzumschlag
DM 69,90

Der Schwung
4784-3, von O. Heuler, 128 S., geb.
DM 29,90

Fehler & Korrekturen
4872-6, von O. Heuler, 144 S., geb.
DM 39,90

FALKEN Reihe: Sportregeln
Ausstattung: zwischen 96 S. und 128 S., kart.
Preis: zwischen **DM 16,90** und **DM 24,90**
1676-X Basketball
1674-3 Pool-Billard
2135-6 Fußball
1754-5 Eishockey
1755-3 Tennis
1807-X Badminton

Tauchen
4955-2, von S. Müßig, 128 S., geb.
DM 39,90

Tennistraining mit System
4878-5, von A. Ferrauti, P. Maier, K. Weber, 192 S., geb.
DM 49,90

Billard
1313-2, von Dr. H. Stingl, 112 S., kart.
DM 29,90

Aggressive In-Line-Skating
1836-3, von U. Sauter u.a., 96 S., kart.
DM 24,90

Snowboarding
1860-6, von A. Hebbel-Seeger, 112 S., kart.
DM 29,90

Angeln
60080-6, von E. Bondick, 80 S., kart.
DM 12,90

Tanzen
4948-X, von P. Wolff, 192 S., geb.
DM 49,90

Fitness/Gymnastik

Fitness-Boxen
1671-9, von F. Kürzel, P. Wastl, 96 S., kart.
DM 24,90

Fit mit Ayurveda
60260-4, von J. Douillard, 208 S., kart.
DM 19,90

Stretching
60085-7, von E. Kleila, 64 S., kart.
DM 9,90

Muskeltraining zu Hause
60100-4, von A. Balk, 128 S., kart.
DM 14,90

Kampfsport

Aikido
2120-8, von R. Brand, 280 S., kart.
DM 24,90

Judo
0305-6, von M. Ohgo, 206 S., kart.
DM 24,90

Karate Grundlagen
1863-0, von E. Karamitsos, B. Pejcic, 144 S., kart.
DM 29,90

25 Shotokan-Katas
2125-7, von A. Pflüger, 88 S., kart.
DM 24,90

Bruce Lee – Sein Leben und Kampf
0392-7, von L. Lee, 136 S., kart.
DM 24,90

Bruce Lees Kampfstil 1
0473-7, von B. Lee,
M. Uyehara, 112 S., kart.
DM 9,90

Bruce Lees Kampfstil 2
0486-9, von B. Lee,
M. Uyehara, 128 S., kart.
DM 12,90

Dynamische Tritte
1683-2, von G. Chung,
C. Rothrock, 128 S., kart.
DM 16,90

Taekwondo
0347-1, von K. Gil,
152 S., kart.
DM 16,90

Ninja
1161-X, von A. Adams,
192 S., kart.
DM 19,90

Heimwerken/Technik

FALKEN Reihe: Do it yourself
Ausstattung: zwischen 80 S., und 104 S., kart.
Preis: **DM 19,90**
1665-4 Reparaturen in Haus und Garten
1159-8 Betonieren, Mauern, Fliesen
1857-6 Bäder ausbauen und modernisieren

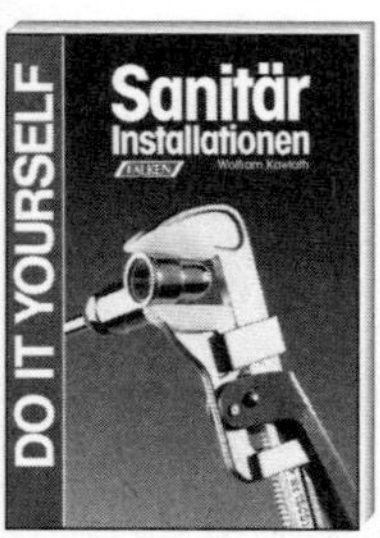

1118-0 Sanitärinstallationen
1799-5 Fliesen legen
1855-X Tapezieren und Streichen
1841-X Dachausbau
1995-5 Innenausbau mit System
1859-2 Elektroarbeiten
1716-2 Sicherheit an der Haustür

Heimwerken
4983-8, von T. Pochert,
416 S., geb.
DM 49,90

Foto/Video

Moderne Fotopraxis
7310-0, von G. Koshofer,
Prof. H. Wedewardt,
240 S., geb.
DM 49,90

Zeichnen und Malen

Kreativ zeichnen
4688-X, von B. Bagnall,
176 S., geb.
DM 39,90

Aquarellmalerei
4529-8, von Prof. W. Wrisch,
136 S., geb.
DM 39,90

Kalligraphie
1044-3, von I. Schade,
80 S., kart.
DM 19,90

Airbrush
1133-4, von C. M. Mette,
80 S., kart.
DM 19,90

Seidenmalerei

Lexikon der Seidenmalerei
4737-1, von K. Huber,
208 S., geb.
DM 49,90

Aquarellieren auf Seide
4842-4, von Shahida,
112 S., geb.
DM 39,90

Einführung in die Seidenmalerei
0611-X, von R. Henge,
88 S., kart.
DM 19,90

Malen auf Seide
4941-2, von C. Köhl,
Shahida, 112 S., geb.
DM 29,90

Verschiedene Techniken

Alles aus Wellpappe
1430-9, von I. Kasperek,
64 S., kart.
DM 19,90

Landhausstil
7332-1, 128 S., geb.
DM 34,90

Artischockentechnik
1682-4, von M. von
Perbandt, K. Teuber,
64 S., kart.
DM 19,90

Patchwork und Quilt
4803-3, von I. Kahmann
u.a., 112 S., geb.
DM 29,90

Nähen
4709-6, von S. von Rudzinski,
176 S., geb.
DM 39,90

Perfekt Stricken
4821-1, von H. Jaacks,
224 S., geb.
DM 39,90

Töpfern ohne Scheibe
0896-1, von A. Riedinger,
80 S., kart.
DM 19,90

Dekorieren und Gestalten mit Naturmaterialien
4748-7, von E. Dommershausen u.a., 128 S., geb.
DM 29,90

Stempeln
1823-1, von E. Metz,
P. Läpple, 80 S., kart.
DM 19,90

Freundschaftsbänder
1720-0, von A. Neeb,
E. Walch u.a., 64 S., kart.
DM 19,90

Bücher, Alben, Schachteln selbermachen
4772-X, von P. Baumgartner,
96 S., geb.
DM 29,90

Geldgeschenke und Geschenkgutscheine
1684-0, von S. Haenitsch-Weiß, 64 S., kart.
DM 19,90

Spiele/Denksport

Bridge für Einsteiger
1691-3, von B. Ludewig,
104 S., kart.
DM 16,90

Doppelkopf
1828-2, von U. Vohland,
96 S., kart.
DM 16,90

Kartenspiele
7333-X, von M. Mala,
176 S., geb.
DM 29,90

Backgammon für Einsteiger
1690-5, von M. B. Fischer,
E. Heyken, 104 S., kart.
DM 16,90

ISBN-Bestandteil: 3-8068- / bei Buchnummern, die mit der Ziffer 6 beginnen, lautet der ISBN-Bestandteil: 3-635-

Patiencen
60020-2, von I. Wolter-Rosendorf, 112 S., kart.
DM 12,90

Poker
60225-6, von C. D. Grupp, 112 S., kart.
DM 12,90

Schach für Einsteiger
1724-3, von E. Heyken, 120 S., kart.
DM 19,90

Spielideen für Partys
1725-1, von E. und H. Bücken, 88 S., kart.
DM 16,90

111 Spielideen, das Gedächtnis zu trainieren
1829-0, von T. Werneck, 96 S., kart.
DM 16,90

Knobeleien und Denksportaufgaben
60099-7, von K. Rechberger, 100 S., kart.
DM 12,90

Ratgeber für Kinder

FALKEN Reihe: Ratgeber für Kinder
Ausstattung: zwischen 48 S., und 64 S., geb.
Preis: **DM 19,90**
4897-1 Mein Mutmachbuch
4898-X Mein Krankenhausbuch
4896-3 Mein erstes Pferdebuch

7337-2 Mein erstes Reitbuch
4991-9 Mein Kochbuch
4990-0 Mein Ballettbuch
4900-5 Mein Fußballbuch
4938-2 Mein Fahrradbuch
7335-6 Mein erstes Inline-Skating-Buch
4894-7 Mein Katzenbuch
4939-0 Mein Hundebuch
4993-5 Mein Hamsterbuch
7324-0 Mein Wellensittichbuch
7338-0 Mein Meerschweinchenbuch
4992-7 Wenn meine Eltern sich trennen

Kinderbeschäftigung

Das neue Bastelbuch für Kinder
4893-9, von U. Barff, I. Burkhardt, J. Maier, 208 S., geb.
DM 39,90

Basteln mit Pappe und Papier
4843-2, Hrsg.: U. Barff, 112 S., geb.
DM 29,90

Schminken und Verkleiden
4773-8, von W. Stelzenhammer, Hrsg.: U. Barff, 128 S., geb.
DM 29,90

Spielen mit einfachen Sachen
4994-3, von A.-G. Patz, D. Patz, 112 S., geb.
DM 29,90

Tanz-, Kreis- und Bewegungsspiele
7343-7, von A.-G. und D. Patz, 112 S., geb.
DM 29,90

Spiele für Kleinkinder
60022-9, von D. Kellermann, 104 S., kart.
DM 12,90

Kinderleichte Kochrezepte für kleine Leute
4850-5, von K. Müller-Urban, 128 S., geb.
DM 19,90

Garten

Die große FALKEN Gartenschule
7354-2, von J. Breschke u. a., 560 S., geb., mit Schutzumschlag
DM 79,90

FALKEN Gartenjahr
7355-0, von K. Greiner, A. Weber, P. Michaeli-Achmühle, 320 S., geb.
DM 39,90

100 englische Gärten
4885-8, von P. Taylor, 216 S., geb., mit Schutzumschlag
DM 79,–

Bauerngärten
4786-X, von U. Krüger, 128 S., geb.
DM 39,90

Naturgärten
4967-6, von J. Korz, 240 S., geb.
DM 69,90

Gartengestaltung mit Phantasie
7318-6, von K. Greiner, Dr. A. Weber, 208 S., geb., mit Schutzumschlag
DM 79,90

Blumen, Stauden, Ziergehölze
4753-3, von K. Greiner, Dr. A. Weber, 384 S., geb.
DM 69,90

FALKEN Lexikon Gartenteich
4778-9, von I. Polaschek, A. Fischer-Nagel, 216 S., geb.
DM 49,90

Grüner wohnen
4886-6, von U. Krüger, 144 S., geb., mit Schutzumschlag
DM 49,90

Tiere

Katzen auf natürliche Weise heilen
7314-3, von Dr. med. vet. C. Möller, 128 S., geb.
DM 29,90

Richtige Katzenernährung
1869-X, von H. Wenzel, 96 S., kart.
DM 16,90

Wellensittiche
1813-4 von H. Bielfeld 96 S., kart.
DM 16,90

Alles über Kanarienvögel
0901-1, von H. Schnoor, 64 S., kart.
DM 14,90

Zwergkaninchen
1680-8, von M. Mettler, 96 S., kart.
DM 16,90

Zwerg- und Goldhamster
1734-0, von M. Mettler, 96 S., kart.
DM 16,90

Meerschweinchen
1812-6, von M. Mettler, 96 S., kart.
DM 16,90

Das Süßwasseraquarium
4752-5, von Dr. med. vet. J. Etscheidt, 224 S., geb.
DM 49,90

Terrarium
7313-5, von W. Ullrich, 128 S., geb.
DM 29,90

FALKEN Reihe: Hundebibliothek
Ausstattung: zwischen 80 S. und 112 S., kartoniert
Preis: zwischen **DM 14,90** und **DM 19,90**

Stand der Preise 01.03.1998 · Änderungen vorbehalten / *unverbindliche Preisempfehlung

1757-X Dalmatiner
1756-1 Dackel
1677-8 Labrador, Retriever
1644-1 Neufundländer und Landseer
1596-8 Boxer
1513-5 Schäferhunde
1514-3 West Highland White Terrier
1808-8 Setter
1866-5 Siberian Husky
1809-6 Hovawart

1990-4 Tibet Terrier
1811-8 Foxterrier
1512-7 Streuner und Tierheimhunde
1604-2 Hundekrankheiten erkennen und behandeln
1991-2 Mit dem Hund in den Urlaub
1810-X Rechtsratgeber für Hundehalter

Das neue Hundebuch
60079-2, von W. Busak,
124 S., kart.
DM 14,90

Erfolgreiche Hundeerziehung
4808-4, von U. Birr,
144 S., geb.
DM 29,90

Reisevideo

FALKEN Reihe: Reisevideos
Ausstattung: VHS, ca. 60 Min. Laufzeit, in Farbe
Preis: **DM 39,95***

FALKEN hat Reisevideos zu über 70 Urlaubszielen in aller Welt von **A** bis **Z**

6249-4 Amsterdam

6226-5 Neuseeland

6206-0 Zypern

ISBN-Bestandteil: 3-8068- / bei Buchnummern, die mit der Ziffer 6 beginnen, lautet der ISBN-Bestandteil: 3-635-

BESTELLSCHEIN

Hiermit bestelle ich aus dem Programm der Verlagsgruppe FALKEN, Postfach 11 20, D-65521 Niedernhausen, **durch die Buchhandlung:**

Falls durch besondere Umstände Preisänderungen notwendig werden, erfolgt Auftragserledigung zu dem bei der Lieferung gültigen Preis.
(Soweit gesetzlich nicht anders vorgesehen, ist der Erfüllungsort und Gerichtsstand der jeweilige Sitz der Lieferfirma).

Anzahl	Bestell-Nr.:	Titel	Einzelpreis	Gesamtpreis
			Summe	

zzgl. Porto- und Versandkosten

Name: Straße:

Ort:

Datum: Unterschrift:
(Bei Jugendlichen der gesetzliche Vertreter)

FTB-V V F '98

Werbemittel-Nr. 99143

FALKEN

Der Spezialist für nützliche Bücher und Videos